何度でもやりなおせる

ひきこもり支援の実践と研究の今

漆葉成彦・青木道忠・藤本文朗／編著
Shigehiko Uruha Michitada Aoki Bunro Fujimoto

クリエイツかもがわ
CREATES KAMOGAWA

はじめに

政府は「ひきこもり」の人は1・3パーセント（人口中）、100万人以上、家族など悩む人は300万人以上存在すると推計しています。また日本発信のHIKIKOMORIは国際用語になっています。

「ひきこもり」は、日本の若者が壮年に発達していくなかで、教育・雇用などの矛盾に直面することで起こる問題であり、特別な家庭に起こる特別な人の問題ではありません。しかし、マスコミのひきこもり当事者や家族の思いの取り上げ方は決して十分とはいえません。まだまだサイレントマジョリティです。

ある父親はひきこもる息子について、次のように述べています。

「逃げ回ること風の如く」
「ひき篭ること林の如く」
「批判すること火の如く」
「働かざること山の如し」
「ときにやさしいこと海の如く」

ひきこもりの定義は、一般的にはまだまだわかりにくいものですが、第3部①で精神科医の漆葉成彦が、厚生労働省の定義と問題を整理し記述しています。「ひきこもり」に関する本は、150余りあり、ルポ的なものから不登校とかかわっての臨床的な研究などで2000年以後、日本精神神経学会などが学術的に取り組んでいますが、まさに学際的課題です。

それがゆえに本書は多くの執筆者によるものとなりました。多少まとまりが不十分ともいえますが、これだけの当事者を中心とした多様な執筆者の本は少ないと自負しています。

まず第1部に当事者3名、第2部に家族3名の「血」と涙と勇気が綴られていると思います。さらに支援関係者——医療・教育・福祉・雇用・おとな支援・ネットワークの方など6名の文章が続きます。第2部では研究的視点で仮説的・具体的に今後の課題を記しました。14名の執筆による作業です。全員がこの問題の実践・運動にかかわっています。

本書の編集中に、京都でひきこもる人を中心にソフトボールや食事会のサークル（月1回）が生まれました（第4部①156頁参照）。また、ひきこもりの父親の飲み会（3か月に1回、参加者8～10人）もできました。そして2017年からは共生社会の実現に向けた重点的な施策として、「ひきこもり支援」に京都府は1億2000万円の予算をつけました。

しかし、この分野の政策はきわめて不十分です。私たちの実践・研究・運動をさらに深めねばなりません。ひきこもる人やその家族に憲法13条「個人の幸福追求権」、第25条「全ての国民の健康で文化的生活権」をどう実現し保障していくのか、その道すじの具体化が求められています。そのため本書が役立つことを願っています。

また、本書の出版を通して、「ひきこもり」で悩む本人・家族の悩みをより多くの人に知ってもらえ、同じ悩みをもつ人々が学びあうことにつながれば幸いです。

最後になりますが、クリエイツかもがわの田島英二氏らのアドバイスに感謝します。

2017年3月

漆葉成彦
青木道忠
藤本文朗

ひきこもり支援の実践と研究のいま◎もくじ

第1部　何度でもやりなおせる――自分に合った道を探して

当事者から

第2部　信じて任せて待つ——決して孤立しないこと

家族から

第3部　ひきこもり支援実践のいま

医療

第4部 ひきこもり問題研究と支援の課題

第1部

何度でもやりなおせる

——自分に合った道を探して

当事者から

1 何度でもやりなおす

たなかきょう

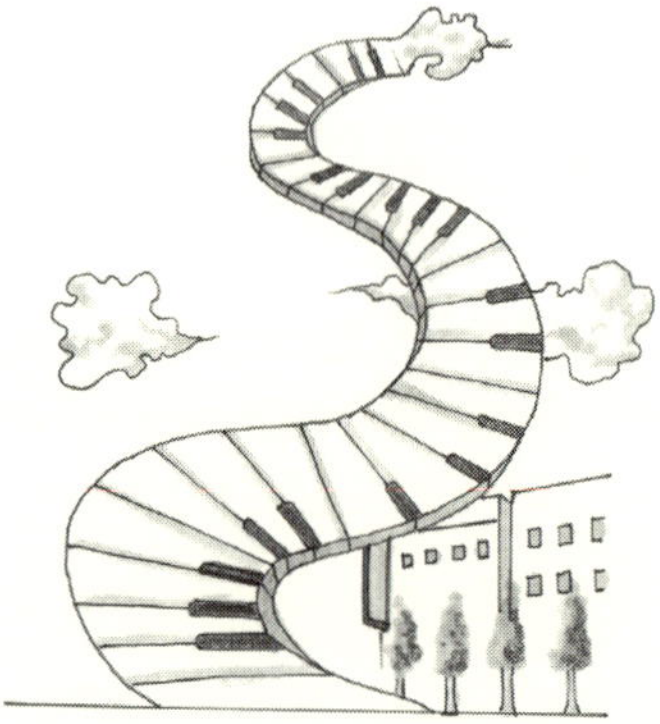

僕は、18歳から30歳までの間に断続的に6年間、動けないときがありました。動けるようになり、その状態が「ひきこもり」だったことに気がつきました。

動けない状態の頃は、自分のことを多角的に把握することも難しかったように思います。いまの自分は世間で言うとどういう状態なのかを意識することより、自己否定、後悔、不安感にとらわれ、自分というものに自分で答えを出そうと、ただひたすら傷つき、塞ぎ込んでいたように思います。

現在は、シンガーソングライターとして音楽活動をしています。そして、京都市左京区の「NPO法人若者と家族のライフプランを考える会」で、就労継続支援B型事業所「あーとすぺーす絵と音」のサービス管理責任者として働いています。

なぜひきこもったのか、なぜ出られるようになったのか、それはどういうことなのか、について書いていこうと思います。

1 なぜひきこもったのか

なぜひきこもったのか——。この問いに向き合うとき、動けるようになってから10年を超えたいまでも、正解を探しているように思います。

(1) 自分にウソをつく

幼い頃より、自分の居場所を意識する傾向が強かったように思います。大事にされていた自覚はありますが、家族のなかに自分の居場所が見出せずにいました。家族のなかで何らかの衝突があったとき、自分さえいなければ、その問題は起きなかったのではないか、といつも思っていました。いつしか家族のなかだけでなく、学校など外の世界でも、居心地が悪く感じると、自分さえいなければよいのでは、と考えるようになっていました。自分が悪くて他の人の気分を害している。そのように考えていました。

たとえば野球。野球は大好きでしたが上手くはありませんでした。友達は僕がいると負けるからと、チームに入れることを拒みました。だから僕は、皆が野球をしている姿を見ていました。そのうちに一人が用事で帰ることになり、僕もチームに入れてもらえることになりました。そして僕の入ったチームは負けました。帰り際、チームには不穏な空気が流れます。なぜ負けたのか反省会も始まります。そして、友達が僕に言います。

「好きならな、もっと練習して上手くなれよ」

この言葉の真意はわかりません。けれども僕には二つの負の感情が生まれます。一つは「野球をやりたい。好きだ」と言ったことが失敗だったということ。もう一つは、僕が入ると負けるから、今度はチームに入れてもらう前に帰ってしまおう、ということです。

家に帰ると「野球して勝った。ヒットを打った」と親に話しました。ウソですが、「すごいな。よかったな」と言ってほしかったのです。話を聞いてうれしそうな親を見るのが好きでした。ウソをついた自分を寝る前に責めました。自分がどんどん嫌いになりました。居場所がなくなっていきました。きっと僕のウソはばれていたように思うからです。両親にとっても、分かりにくい子どもになっていたのではないかと思います。

(2) 居場所がない

できれば親を喜ばせたかったのですが、僕にはできませんでした。それどころか怒られてばかりいました。自分は情けないやつだと、低学年の頃には自覚し始めていました。外の世界では思った結果が得られず、家に帰ると怒られないように脅えていたように思います。外にも内にも、自分の思う居場所が見出せませんでした。

幼少期から芽生えた「居場所がない」という感情には、思春期に入り、両親に対する不満と評価されない自分への怒りとが積み重なりました。やっとの思いで見つけた居場所が間違っていたのかと思えた日、動けなくなりました。初めてのそれは、高校の卒業式でした。

ひきこもっていた頃、消えてしまいたいと思いました。どうしたら消えることができるのか、自ら命が絶てない自分を責めました。

2 あきらめたから、気が楽になった

(1) どうでもいい

何もできない自分のことがあまりに嫌いになり、ある日突然、「どうでもいい」と思える日が来ました。29歳のことです。この「どうでもいい」と思えたことが、僕のいまの人生の転機でした。やれることを探しそれで評価されるのは僕には無理だと気がつき、何かできるようになったり、褒められたり、羨ましがられたりするのをあきらめることになりました。

自ら命を絶つ行為ですら、その行為で僕の心の何かをメッセージとして伝え、何らかの評価を得ようとしていたように思います。そんなことで命を絶てるほどの勇気はありませんでした。もし、メッセージとして誰かに何か伝わるという自信があれば、実行していたのではないかと思います。

ひきこもりも終盤に差しかかってきた頃、これだけつらい思いをした分だけ、人に多くの評価を受けなければというプレッシャーがかかってきていました。最後のほうは、とうてい実現できないような夢物語の妄想を繰り返すばかりで、具体的に仕事につくような発想はほとんどできなくなっていました。

(2) ギターとライブ活動

「もうどうでもいい」と思えた日、どうせどうでもいいならやりたいことをやってみようと思いつつい

たのが、ギターを弾くことでした。誰かの前で演奏しようとか、上手くなろうという気持ちはまったくありません。ただギターが弾きたい。その思いだけで教則本を開きました。

とはいえ、既存の曲は弾けるはずもなく、その日に覚えた二つのコードででたらめな歌を作って、何回も何回も演奏していました。とても楽しくて、何のわだかまりもありませんでした。たった一人の作業がとても心地よかったのを覚えています。数日が過ぎ、1日に1曲を目標に、考えていること、見たものなど何でも歌にして、それこそでたらめに歌っていました。

1年ほど過ぎた頃、一度だけでも人前で歌ってみようかと思い始めました。それが僕の音楽活動の始まりでした。一度で終わるはずのライブ活動が、次はもう少し納得のいくものになるのではないかと、ただ自分の欲求に従い、出られそうなところでは、どこでも歌わせてもらいました。「もう来ないでください」と言われたこともしばしばでしたが、僕の自己満足で歌っていたので、怖いものはありませんでした。

僕は、ひきこもりの中盤くらいから他人の目が気になり、電車などに乗れなくなっていましたが、ライブを始め、聴いてほしくてもなかなか聴いてもらえないことに気づきました。電車に乗っているくらいでは誰も僕のことなんか気にしていないことに気づき、ずいぶん楽になりました。ライブ活動をして一番感じた変化です。

3 気づけなかったこと

ひきこもり時代、ただ自分のことが嫌いで冷静に自分と向き合うことはせず、気づけなかったことがあることに、最近気がつきました。僕は欲求をもつことを、悪いことのように考えていたのかもしれません。小さい頃、見たものをほしくなる僕のことを、両親が厳しく諭したからでしょう。

(1) あまのじゃく

たとえば、何かほしいものがあったとします。それを表現するのに、いろいろ理由が必要になっていました。どれくらいの期間ほしいと思っているか。ほしいもののために、どれくらい嫌なことをやれるか、またはやったか。理由がないと、ほしいと思うこと自体が悪いことのように思えていました。

「恵まれすぎている」

「甘やかせてきたから、こんな僕になった」

父親は、母親にいつも言っていました。やりたいこと、手に入れたいものは、何かを成し遂げた者のみができたり、手に入れられるのであって、何もできない僕は、欲求をもつこと自体「厚かましい」と言われ、自分もそのように考えていました。

けれども、ここで歪みが生じます。僕は、やりたいこと、ほしいものは、際限なくあるほうだと思っています。行きたい場所も多く、やってみたいことも次から次へと出てきます。ほしいものもたくさんあります。けれども僕は何も成し遂げていません。だから何かをするとき、いまでも「それは身分不相応ではないか」「僕みたいな人間がそんなことをしていていいのか」という感情が心を支配します。

僕の培ってきた考え方では、やりたいことをするのは遊びで身分不相応。やりたくないことをするのが正しいこと、身分相応の行いだと考えていました。この考え方では楽しめません。楽しむことは悪なので、楽しくても「楽しくない。苦しいのだ」と表現するようになっていました。

高校生の頃、クラブ活動は本当に楽しい時間でした。休みのない練習、遅くまで行われる練習でもです。休みだと言われると残念な気分になり、練習も終わりそうになると、もう少しやりたいと本心では思っていました。それなのに、楽しむことが悪であると考えている僕は、逆の態度を表現していたようです。先輩から一度指摘された言葉が、いまでも印象に残っています。僕としては、休みもいらなかったし練習も終わってほしくなかったのに、「たまには、やる気を出せ」「そんなに練習が嫌か？」的なことを言われたのです。僕は当時、とても悲しくなりました。

いまとなれば、なぜ先輩がそのように言ったのか理解できます。練習があると言えばボヤき、続くと聞けば嫌な顔をしていました。本心とはまったく逆で、なんとも残念な自己表現だと思います。ほしいものが「ほしい」と言えないことはとても不自由だと思っています。「あまのじゃく」と表現するのかもしれません。

そのあまのじゃくでも、結果を出せる人がいます。「走りたくない」と言っていても走れば高タイムが出せるとか、「勉強してない」と言っていてもテストで高得点が取れる、などの人たちです。僕は、こういうことにも憧れていました。親の（？）「教え」にも合致しているように思っていました。ほしくないけど、やる気ないけど、「できる」ようなことです。

実際の僕は、たとえばテストの場合、自分でもやったと言えるくらい勉強して、友達には「勉強しない」と伝え、そしてテストの結果は悲惨であったりするタイプでした。このあまのじゃくな自己表現をする僕が、自分で自分の心のバランスを崩し、ひきこもらせた原因の一つではないかと思っています。

自分でも言うのも恥ずかしいのですが、僕は真面目なほうだと思います。けれども、何をするにも取っ付きはよくありません。だから相当の訓練を要します。そして、努力もそれなりにするほうだと思います。シミュレーションも繰り返します。けれども、同様にそれ相応の結果も求めてしまい、結果が出ないと投げ出したくなります。これは、僕のすべての行動パターンだと思います。ひきこもっていたときは、やる前に結果が出そうにないと、自己防衛のために動けませんでした。

(2) 本音で話したい

人と会話をするとき、本音というものにこだわっている自分を知りました。それは、自分の本音に気づいたからなのかもしれません。いつもは求めません。けれども、最後の最後は本音で向き合える人間関係をつくっていたいと思います。

それは、かけひきがしたくないとか、そういうことではありません。かけひきはかけひきで、大いに楽しめばいいと思っています。言葉を変えると、本音に気づいている、または本音を追求し合うような会話がしたいのです。会話のなかで、自分の本音に出会うこともしばしばあるからです。

この先、実現するか分かりませんが、本音で話し合いたい相手がいます。それは父親です。厳しい父親だったと思います。言葉も厳しいものが多いけれども、大事に思われていると、結婚して自分が父親になって、理解できるようになってきました。

僕が何かしでかしたとき、何か頼みごとをしたとき、それが重大であればあるほど、父親にもその重大さが伝わります。父親としては、大事な息子が失敗しないよう、悲しまないよう、自分の知っている全ての知識で先回りして、僕に伝えます。

「お前は考えが甘い」

「助けて」と伝える僕が望むのは、認めてくれることです。僕の失敗を指摘するのでなく、「大変だけど、まぁがんばれ」と言ってほしいだけなのです。最強の甘えだと思います。けれども、親にしか甘えられないと思います。父親に認められたい。褒めてほしい。この気持ちは、子どもができたいまでも変わりません。親離れできない自分がまだいます。

⑶ 子どもたちへ

初めて子どもが生まれたとき僕は、これで独りでなくなったと安心しました。それが、子どもが生まれて最初の正直な感情でした。親になる者の考えだとは、僕には到底思えません。子どもが子どもを生んでしまい、いまは子育てをさせてもらっています。僕みたいな者を必要としてくれる妻や子どもには、感謝しています。その期待に応えることが、僕の喜びでもあります。

応えられないいら立ちから、感情が溢れることがあります。僕も、父親と同じなのだと自覚します。僕が、何か一つ父親と違うとしたら、成功や過去の栄光は見せられないことです。その代わり、あきらめない楽しさと、何度でもやりなおせることを、見せていければと思います。

僕は、僕の人生を生き抜きたいと思います。そして家族にも、それぞれの人生を生き抜いてもらいたいと願っています。

当事者から

②「私」として生きていくこと

江藤すみれ

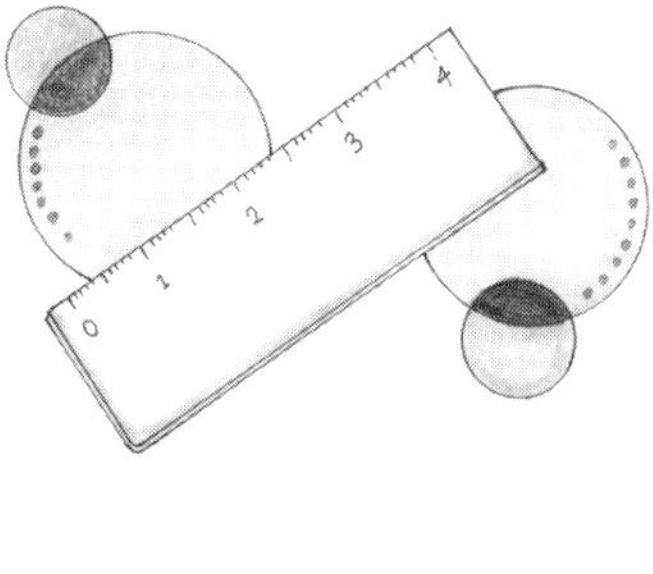

私は、小学3年生のときから中学を卒業するまで不登校でした。高校も単位制の高校に入学したので、ほとんど学校生活というものを知らないまま、いまに至ります。その長い不登校の間、ひきこもりの状態になっていたときもありました。昼夜逆転し、家から一歩も出ないまま生活していました。しかし、高校卒業後大学に進学し、いまは大学院で日々勉強しています。23歳になる今年、過去の一番つらい時期である中学生のときから10年が経つのかと思うと、いろいろと感慨深いものがあります。いまは毎日大学院で研究に追われながら忙しく過ごしていて、来年から始まる就職活動に向けても準備をしているところです。

でも、そんな日々のなかで、約10年前の苦しい時期を思い出すことはたびたびあります。

1　社会的コミュニケーション症群と絶望感

(1) 学校や人との関係に疲れてしまい

私は、いまで言う社会的コミュニケーション症群だと、小学5年生のときに診断されました。表面上はその特徴が見えにくく、特に変わったところのない、おとなしい子どもでした。でも、だからこそ周りに自分の特徴が理解されにくく誤解される場面が多くあり、学校という場や人との関係に疲れてしまって、学校に行けなくなりました。

学校に行けなくなった初めの頃は「なぜみんなは普通に学校に行けるのに私は行けないんだろう」「学校に行きたいのに行けない」という思いが強かったです。だんだんと、人が多くて騒がしいところにいるとしんどくなるということや、コミュニケーションを取ることが苦手、といった自分の特徴がわかってくるにつれ、「だから私は学校がしんどいのか」と思うようになりました。が、それでも学校に行きたい、「普通」の子になりたい、「みんなといっしょ」がいいと思っていました。

特に、家にひきこもっている間は漫画や本ばかり読んでいて、そこに描かれる「女子中学生」や「女子高生」に強い憧れを抱いていたので、学校に行って自分も楽しい学校生活を送りたい、という思いがありました。そのため中学入学が近づいたとき、どのようにしたら学校に行けるのかを考えました。

小学校3年生から5年生まで学校に行ったり行かなかったりを繰り返し、6年生のときは完全に行けなくなっていたので、その経験から「自分は毎日学校という一日中大勢の人がいて騒がしいところに行くのは無理だ」ということはわかっていました。

私が中学に入学する年は、ちょうど特別支援教育制度が始まる年でした。そこで、いろいろと考えた上で特別支援学級と通常学級、両方に在籍するという方法を取ることにしました。結局、中学1年生の間は国語や社会、体育や音楽は通常学級で受け、数学と英語は特別支援学級の先生に個別で見てもらうという形を取り、週2、3日のペースで通っていました。

しかし、中学2年生になるとクラスが替わり、そのクラスの雰囲気が私とは合いませんでした。加えて、1年生の頃からがんばって通っていましたが、精神的、体力的に限界がきていたこともあり、中学2年生からその後卒業するまで、学校には行きませんでした。

いま思い返すと、この中学2年から高校に入るまでの間が一番つらく、苦しい過去です。いまでもこの時期には戻りたくないと強く思うくらい、地獄のような日々でした。それは、工夫をすれば自分も学校に通えるかもしれないという希望を抱いて入学した中学校でも行けなくなり、もう自分は「普通」にはなれないのだ、もうどうしようもないのだという絶望感でいっぱいで、小学校のときよりも「学校に行けない自分」を強く責めました。死にたいと何度も思い、みんなは当たり前のように学校に行けるのに、それさえできない自分は存在する価値のない人間だと思っていました。

いまから思えば、学校に通うことなんてそんなに大事なことではなく、学校に行くことが全てではないと言い切れますが、もちろん当時はそんなことは微塵も思えず、学校に行く、行かないが全ての判断基準で、学校に行けない自分は殺したくなるくらい嫌で自己嫌悪の塊でした。

その当時は毎日毎日、夜は眠れずにいました。朝が来るとみんなが学校に行っている間、自分は家から出られないという現実を受け止めなければならず、それが怖く苦しいため、夜がきたら次の日のことを思い憂うつになっていました。そしてすぐに昼夜逆転の生活になり、心身のバランスが崩れていき、家から出られない日々が続きました。

そんな時期から10年経ったいまでも、精神的に弱ってしまうと夜眠れなくなります。朝が来るとまた一日がんばらないといけないのが嫌で憂鬱になったり、不安感が強く出てきて眠るのが怖くなり明け方まで起きていたりと、昔と似たような夜の過ごし方をすることもたびたびです。

そんなときにいつも思い出すのは中学生のときの昼夜逆転、ひきこもりのときの経験です。それは二度と戻りたくない地獄のような日々でしたが、それでもこの中学生のときの経験は、いまの私の大きな財産にもなっています。

(2) 考え続けた「私ってなんなんだろう」

いまから思えば、家から外は戦場というような気持ちで常に気を張って、極度に緊張した状態で、私なりにがんばって学校に通っていました。そして、1日登校したら3日くらい休んでエネルギーを充電しないといけないくらい、学校という場は私にとってとても疲れる場所でした。

なので、中学2年生のときからまったく学校に行けなくなったのは、積もり積もった疲れが爆発したようなもので、その休息のために1年以上ひきこもり状態にならざるを得なかったのだと思います。

家にいる間は本、漫画、テレビで時間を潰していましたが、それは自分の心身を休ませるため、また自分を守るために必要な術でした。

家にいる間はとにかく「私ってなんなんだろう」と考えました。ちょうど思春期という「自分」について深く考える時期と重なり、家にいる長い時間「自分という存在」について、「生きる」ということ、また「死」についてよく考えました。いわゆる社会的に見た普通の中学生とは違う生活をしている自分は、これからどうなっていくのか、なぜ私は「普通」に学校に行けないのか、そもそも「普通」ってなんなのか、をとことん考えて、「自分」について考える作業を繰り返していました。

一見するとこの「考える」という作業は、毎日家にひきこもり、みんなが当たり前にしている学校に行くこと、勉強することをさぼっていると判断されかねませんが、いまから思えば学校に行くことより、勉強することより大切なことを知り、考えることができた貴重な時間だったと思います。その当時にとにかく「自分ってなんだろう」と問い続け、考え続けた結果、自分のことをだんだんと知っていくことができた強みは、その後の自分の進路を考えるときや「自分のペース」をつくっていく上で、とても大切な力になりました。

2　自分に合った道を探して

(1) クラスのない高校に——単位制高校

結局、中学はほとんど行くことができないまま卒業しました。

高校は、願書を出すだけで入学できる、地元にある単位制高校を選びました。いろいろな通信制や定時制の高校に見学に行きましたが、電車やバスでの通学や「クラス」という集団に所属することが難しいなどいろいろと困難があったため、「自分が無理をしなくていい、自分にとって最善な」高校を選びました。

でも、この「自分にとって最善な高校選び」をすることは、単純に割り切れるものではありませんでした。小学生のときから憧れていた「普通」の女子高生になりたいという思いをあきらめなければならなかったからです。高校の制服を着たかったし、友達をたくさんつくって、恋愛して、部活をして、という日々を送りたかったのです。

大多数の人が当たり前のように高校に行きそれを経験できるのに、私はそれを経験することができない道を選ぶのだと思うと、とても悔しかったです。それでも、「私は私でしかいられない」から無理に「普通」に合わせるのではなく、「私が無理しないでいい」学校生活を送るしかない、という思いもあり、単位制という「特殊」な高校に通うことを決めました。

そこは家から自転車や徒歩でも通える距離にあり、土日も授業をやっていたので、人が多い平日を避けて基本的には土日に通い、静かな環境で勉強ができる場を得ました。そこはまた、いまから思うと小学校、中学校という「学校に通うことが当たり前」だった世界から、ほとんどの子が不登校の経験をもっていて「学校に行っていない」ことが当たり前の世界でした。

それまで困難を感じていた友人関係も、高校ではクラスがないため友人そのものもできません。休み時間も、騒がしいのが嫌だったのが、高校では休み時間に私語がなく、騒がしさは一切ありませんでした。小学校、中学校という場で感じていた私にとっての困難を、高校で感じることはなかったのです。

私の高校生活は、友達は一人もできず、体育祭や文化祭、修学旅行などの思い出は何もありません。それでも、それこそが自分に合った高校選びの結果でした。

いまでも、人の高校時代の思い出を聞くととてもうらやましく感じます。自分が経験してこなかったことをほとんどの人は経験し思い出があるのだと思うと、もう一度違う自分としてやりなおせるなら「普通」の高校生活を送ってみたいと思ったりもします。が、単位制の高校を選んだことを後悔しているわけではなく、私にとっての最善の選択だったと思っています。単位制の高校での、勉強してテストを受け単位をもらうというシステムは、自分のがんばった成果をはっきりと見ることができ、小さな成功体験として積み重なっていくことで自信へとつながっていきました。

(2)「怖さ」を越えた学ぶ面白さ——大学進学

高校には週に2、3日通いながら、卒業後の進路について2年生の頃から考え始めていました。小、中学校とほとんどまともに勉強していなかったため、そのときの学力はとても低く、もし大学を考えるなら早めに進学を決めてそれに向けて勉強していく必要があり、早くから行動を起こしていました。

それでも大学に行くということは、また「普通」の子たちと同じ場所に立つことを意味していたためとても怖いことで、進学を決めるのは勇気がいりました。せっかく高校に通って少しずつ自信がついていたのに、大学に入学してまた行けなくなったらもう立ち直れない、という思いでした。

それでも勉強は楽しく、知らなかったことを知っていくことの面白さは感じていて、大学に行けばもっと深くいろいろなことを学べる、という動機が進学する大きな決め手になりました。

もちろん大学に行くことの怖さはありましたが、高校でいわゆる「普通」じゃない高校生活を経験し、そこにいた年齢もバラバラでいろいろな事情を抱えながら通ってきている人たちに混ざっているうちに、社会にはいろいろな人がいて、「みんなといっしょ」、いわゆる「普通」じゃなくてもいいのだということが分かっていたので、もし大学に行けなくなったとしてもどうにかなるだろう、というような気持ちもありました。

大学では、大勢の同世代の人たちとかかわることがほぼ初めての経験だったので、いろいろと困難があり疲れ切ってしまうこともありましたが、人とかかわる楽しさを感じることもできました。初めて、入学から卒業まできちんと学生生活を送れたという達成感を得られ、それも自分にとって大きな自信になりました。

3　いい意味であきらめられたら楽になる

私の小、中、高校時代は、簡単に人に説明できるようなものではありません。そして、楽しく語れるような思い出もありません。そんな過去を抱えている「自分」として生きていくしかない、というい意味でのあきらめを早い段階からもてたことは、大きな財産だと思っています。

中学のとき、とにかく自分のことが嫌いで、これから一生自分は自分でしかいられないのだと思うと、絶望しかありませんでした。こんな自分はもういやだ、死にたい、と思いながらも結局怖くて死ねない、そんな自分にまた自己嫌悪を感じていました。

それでも、苦しみながらも年月を重ね新しい環境に飛び込んで行き、そこで奮闘しいろいろな課題を乗り越えていくことで、少しずつ自分を肯定できるようになっていきました。自分は自分でしかいられない、というそのどうしようもない事実を受け止め、じゃあどういう「自分」として生きていきたいのか、ということを考えながら歩んできたこの10年は、苦しみながらも必死でがんばってきた証でもあるのだ、といまの私の立場からは思います。

いまでもよく考えます。「普通」ってなんだろう、「私」ってなんなんだろう、「生きる」ってなんなんだろう、と。23歳になる今年、就職という大きな人生の転機を目前にしていて、また結婚や出産といったこれからの年齢ならではの問題も現実味を帯びてきています。

社会のなかで生きていく今後の人生を考えたとき、「みんなといっしょ」を求められたり、学歴や容姿、資格の有無やコミュニケーション能力といった上辺だけの要素で人と比べられたり、誤解されたり、そんなことは山ほどあると思います。そんなことで自分を評価されるのには抵抗を感じますが、それもまた社会のなかで生きていく上で受け止めていかなければならない現実です。

そんななかで、自分の特徴や長所・短所と現実との折り合いをどうつけていくのか、これからの私が向かっていかなくてはいけない壁だと感じています。

いまでも私は、自分のことを全部好きなわけではありません。自分の嫌なところは、数えきれないくらいたくさんあります。いまでも疲れ切って精神的に弱っているとき、外に出るのがしんどくなったり死にたいと思ったりもします。弱っているときは、とにかく一日一日をやり過ごすので精一杯になり、自分のことしか考えられなくなってしまうこともたびたびです。

それでも、それは自分ががんばってなんとかして生きていこうともがいて強くなっていく過程でもあるのです。周りから見たら、怠けていたり甘えていたりわがままだと思われたりするかもしれませんが、みんながやっているからとしんどい思いをして無理矢理そこに自分を合わせる必要なんてないと考え、苦手なことは避けたり、疲れているときはしっかりと休養を取るようにしています。

大切なのは、そういう自分を肯定できるか、ということなのだと思います。自分を拒否していたら、生きていくことは苦痛でしかありません。でも、苦手なことがたくさんあって、すぐに疲れてしまうような自分を受け止め、「私はみんなと同じようにはできない」「私はこういう風にしかできない」といい意味であきらめられたら、一気に気持ちは楽になります。

その上で、「じゃあ私はどうやって、どのようにして、どのような自分でこれから生きていきたいのか」と考えます。「みんな」のレベルに合わせた価値観で自分を判断するのではなくて、「自分がどうしたいか」という問いをもちながら行動を起こしていくと、「自分」の人生の選択肢は広がるように思います。

こうしたいろいろなことを経験してきた過去をひっくるめていまがあると感じながら、いい意味での自分に対するあきらめをもちつつも、私なりにがんばって「なりたい自分」になれるよう、これからも努力と休養を調節しながら日々を送っていきたいと思っています。

当事者から

③「ひきこもり・若者支援機関マップ」をつくろう

泉　翔（「社会的」ひきこもり・若者支援近畿交流会副代表）

「社会的」ひきこもり・若者支援近畿交流会（代表：石井守。以下、近畿交流会）は、発足してまだ2年弱の若い組織です。始まりは、毎年全国各地域の持ち回りで開催されている「社会的ひきこもり支援者全国実践交流会（現：全国若者・ひきこもり協同実践交流会）」が大阪で開催された２０１４年でした。

近畿交流会は、近畿地区の「社会的」ひきこもりなど困難な状況におかれた若者たちと、そのような若者を支える支援者・支援機関が連携し、多様な実践を通じて、より生きやすい社会の創造をめざしていくことをミッションにしています。いま、近畿圏内を活動拠点としている支援者ら約80名（団体）が参加しています（２０１７年3月現在）。

1 「ひきこもり」は「微々たる課題」？

現在の社会では、残念ながら他の社会課題と比べ、「ひきこもり」に関してはまだ「微々たる課題」だと認識されている、と私たちは感じています。この認識について、実はある部分では相違ない事実、すなわち本当に「微々たる問題」であるとの理解を、私たちもまたしています。それはなぜか――。

社会的弱者とされる当事者のうち、障害者は788万人（平成27年版内閣府障害者白書）、生活保護受給者216万人（平成28年度厚生労働省被保護者調査）、子ども1605万人（平成28年、総務省統計局）、高齢者3461万人（平成28年、総務省統計局）とされています。

一方「ひきこもり」は、内閣府が2016年度に公表した調査により、約54万1000人と推計されています。この結果はいま私たちの周辺を賑わしています。40歳以上を対象にしない調査方法や、サンプル調査における点推定値だけで前回調査と比較するという、統計解釈の明らかな誤りに対する疑義を、私たちは当然もっています。しかしたとえ悉皆《しっかい》調査が行われ、この倍の数が明らかになったとしても、先述の社会的弱者の数と比較すると、きわめて少ないと言わざるを得ない現実があります。

実数だけでなく、社会的関心、注目度も違います。新聞5紙（読売新聞、朝日新聞、毎日新聞、産経新聞、日経新聞）の過去約10年間（2006年1月1日～2016年11月19日）の記事を検索すると、「ひきこもり（引きこもり含む）」というワードは9794回登場しています。これに対して「生活保護」は3万2279回、「障害者」は10万6943回、「高齢者」は22万2899回、「子ども（子供含む）」が87万7710回と、いずれも桁違いです。「ひきこもり」の登場回数は、これらのワード全体のわずか0・8%に過ぎません。
近畿交流会に参加する少なくない支援者が「生涯をかけて取り組む」と誓い、叫び続けているこの課題は、相対的に見ればあまりにも微々たるものなのです。私たち自身でさえ「微々たる社会課題だ」との認識をもっていると書いた真意はここにあります。少なく見積もってさえ54万人がいま苦しみのどん底にありながら、社会からはほとんど注目されていないのです。

2 より生きやすい社会へ

(1) 近畿交流会の役割

内閣府の調査で「ひきこもり54万人」あるいは「前回調査より16万人減」という言葉だけが先走り強調されていることについて、私だけでなく多くの支援者が焦燥に近い強い危機感をもっています。「ひきこもり」は原因を個人だけに還元できる問題ではありません。社会のあらゆる要素が複合的に絡み合った社会問題であり、人権問題です。この課題の本質は断じて「数」などではありません。

私の立場はとても単純です。一人でも「ひきこもり」で苦しむ人がいる限り大きな問題だという立場です。推定54万人のうち53万9999人を救えたとしても、私には残った一人が苦しんでいることこそが問題なのです。そして、一人の温かな血の通った人間がいままさに悩み苦しんでいることに目を向けない社会こそが問題だと考えています。これは私だけでなく、近畿交流会にかかわる多くの人たちに共通する思いです。

「ひきこもり問題」を放置した先に何が待っているのか。それを冷静に社会に問いかけていくマクロな視点はもちろん必要ですが、近畿交流会に参加する多くの人たちは、いま目の前で苦しんでいる一人を絶対に見捨てないというミクロな視点を最も重視する現場実践者です。

そのようななかにあって、これらの実践者同士を橋渡しし、地に足がついた環境からマクロな活動を展開していく、すなわち社会を変えていく――。このような役割が近畿交流会に求められているのだと信じて、私は活動を続けています。

(2) 近畿交流会の二つの活動

近畿交流会の主な活動は二つです。

一つ目は、2か月に1回の交流会の開催です。主に近畿圏の「ひきこもり」や若者の支援にかかわるあらゆる団体・個人に呼びかけ、実践報告を通じた交流をしています。まだ2年弱ですが最近の会では参加者が20人を超え、さまざまな連携が生まれています。この場がきっかけとなって協働事業を始めたところもあります。

二つ目が、ボランティアグループによる「支援機関マップ」づくりです。支援機関マップとは、近畿圏内のひきこもり・若者支援にかかわる団体の実態を調査し、コメントつきで紹介するデータベースのことです。これを作成するためにプロジェクトを立ち上げて、現在約20名の支援者や当事者、経験者がボランティアとしてかかわり、各々の得意分野を活かして活動しています。ボランティアの要件は、私たちの「活動趣意」(別項参照)に賛同する以外に規定はなく、いつでも募集しています。

なおデータベースに「マップ」という名前をつけたのは、将来的にインターネット上の地図で視覚的に支援機関の場所を検索できるようにしようとの構想からです。２０１５年度は20団体を調査し、プレ版としてそれらをまとめた冊子を発行しました。２０１６年度も新たに20団体の追加をめざしています。これらの情報はホームページ（http://hikimap.org/）でも随時公開しています。

「社会的」ひきこもり・若者支援近畿交流会「支援機関マップ作りプロジェクト」活動趣意

私たちが理想として描く社会とは、ひきこもりなどの生きづらさを抱えた当事者が、多種多様な支援・居場所に出会う機会が保障された社会です。このような社会では「自分の居場所」が見つからない当事者は居なくなり、多くの当事者が様々な支援・自助グループに結びつき、たくさんの「自分の居場所」を見つけることができるようになっているでしょう。

私たちはそのためにはまず、支援者や自助会等の情報が一か所に集約され、そこに誰もが簡単にアクセスできる環境が必要だと考えます。そして支援に関わる全ての人が、これらの情報を自らが関係を持つ当事者に積極的に周知・提示していくことが必要であると考えます。そのためには支援に関わる者全てが、多様な当事者に対して自分だけでその課題解決ができるという考えを捨て、様々な支援者や関連団体と連携しながら当事者に向き合っていくのだという、意識の変化も必要です。

私たちはこの理想の社会を実現するための第一歩として、まずはこの理念に賛同し活動する支援者・自助グループのリストを作成します。また同時にこの理念を広く周知することで賛同者を増やし、近畿圏内の支援ネットワークの構築・強化にも繋げます。

3 既存のデータベースとは異なる支援機関マップ

私がとりわけ特徴的な活動だと考えているのは「支援機関マップ」づくりです。このマップは、近畿圏という広い範囲で支援機関の情報網羅をめざしているもので、既存の行政や民間団体が発行しているデータベースとは大きく異なるものです。

(1) 適切な支援に出会うために

これまでも、各都道府県や地方自治体単位で支援機関をリスト化したものは発表されてきましたが、現在では交通網の整備や情報伝達手段の発達により、自身の居住地とは別の自治体の支援機関とかかわりをもつ当事者が増えてきています。そこには、ミスマッチなどさまざまな理由から自身の居住地での支援に限界を感じ、自身に合う支援を求めさまよう当事者の姿が浮かび上がります。このような当事者のニーズに、これまでの自治体単位のリストだけでは応えられなくなってきています。

また、当事者がそれぞれ自分に合った支援に出会えるよう支援者が促すためには当然、支援者自身も当事者の要望に沿ったさまざまな支援機関の情報を知っていることが必要です。このニーズに対応するためには、広域的な情報が網羅された誰もが閲覧できるマップが必要です。

加えて私たちが掲載団体に対して行う調査では、支援機関側から発信される情報だけでなく、当事者や支援者がそれぞれの立場を踏まえて実際に現地に調査に赴き、そこで感じたそれぞれの虚心坦懐なコメントも付加しています。そのことを通じて私たちは、支援を受けることを望む当事者が、自身に適した支援に出会いやすくなることを期待しています。

(2)「集まり・つながり」という視点

すでに掲載した20団体には、相談事業、就労支援事業、学習支援事業などの一般的な「ひきこもり」や若者の支援を行う団体の他、居場所や自助会、農作業、表現活動を行っている団体など、当事者が集まり、つながりをつくることを第一の目的としている、あるいはそれに寄与すると思われる活動を行っている団体を多数含めています。

これは、「ひきこもり」経験者の多くが、その状態にあった期間に多くの社会関係資本（人間関係や付随する生活上の知識等）を失い、そのために安定・継続した社会生活が困難になっている、という課題意識とリンクしています。どれだけすぐれた就労支援によって就職し、経済的自立を成し遂げたとしても、そこで支援が終了すれば、当事者にとってやっとの思いで手に入れたその生活を維持することはきわめて困難です。

いまや、集まることやつながることをサポートする取り組みは、「ひきこもり」に関してはもちろん、若者が地域で安定した生活を維持継続するという視点からも必要不可

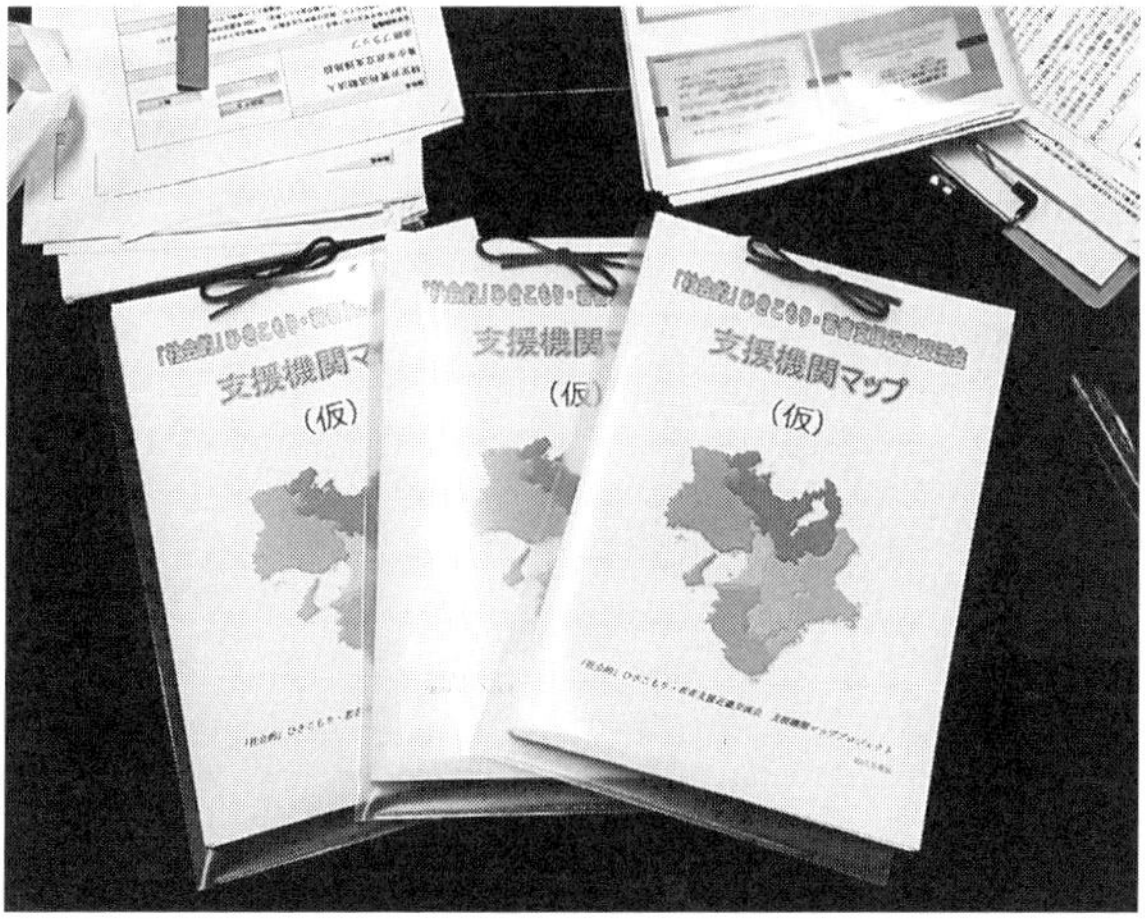

欠です。しかしこれまでデータベースを提供していた行政や支援機関にはこのような視座をもっているところが少なく、「集まり・つながり」という視点で事業を行う団体を「支援」として捉え切れず、集約していませんでした。

(3) 希望する団体は全て載せ、忌憚のない感想も

私たちは、この支援機関マップにどのような団体を掲載するかについて、とても悩みました。昨今報道でも話題になっている暴力的支援や受益者を支配関係に置く自称支援をいかに排除するか、という問題があったからです。何十時間にもわたるミーティングの末、私たちは「活動趣意」への賛同が得られる団体は「全て掲載する」ことにしました。取捨選択により偏った情報となるよりも、情報を網羅することを重視したからです。ですから基本的に、掲載を希望する団体は全て載せています。

「危険な団体をどう見極めているのか」と疑問に思われるかもしれません。しかし、このリスクは支援機関マップに調査員の忌憚のない感想を大いに載せることで回避できる、と私たちは考えています。これまで危険な団体に言及せずに蓋をしてきたからこそ、藁をもすがりたい当事者や家族が実態を知らぬ団体につながってしまうリスクが高まっていました。私たちは、趣旨に賛同して掲載を希望する団体全てに対し、その団体を調査した際の感想を含めたあらゆる情報を公開するという方法によってこのリスクを避け、マップの価値を高めようとしています。

(4) 率直な疑問をぶつける調査

実際の調査ではまず、調査の趣旨説明を含む依頼文と事前の調査票を送ります。承諾して調査票記

入が済めば、必ず当事者を含む2名以上で実際の活動現場に訪問調査を行います。調査員は、マップづくりにかかわる人たちが登録するインターネット上の連絡ツールで希望者を募り選定します。記入済みの調査票を皆で確認し、調査に行けない人も質問を預けられる仕組みをつくっています。

調査での質問には毎回、非常に辛辣で率直な疑問が飛び出します。たとえば、あるカウンセリング事務所の調査では「代表が心理士資格をもっていないのはなぜ？」「人混みの駅前のこんな雑居ビルに、当事者が本当に来られると思っているのか？」などの質問が出ました。行政の事業を受託している団体への調査では「次回の入札に敗れたら事業はどうするつもりでいるのか？」という質問が飛び出すなど、とても有意義な情報が収集できたと感じています。

時には相手側から「オフレコでお願いします」ということもありました。「オフレコ」の扱いは特に定めていませんが、調査員によっては「助成金や受託事業の話についてはオフレコとされた上での回答があった」と記しています。これも私たちの理念に則った情報公開の形と考えています。

私の運営するNPO法人も2015年度に掲載されています。訪問調査では2名の調査員に1時間ほど説明しました。確認のために送られてきた原稿を見て、正直度肝を抜かれました。調査員の感想として「代表は大雑把で、周りがサポートしてうまく回っている」と、率直な感想がそのままが書かれていたからです。と同時に、このようなマップこそが必要とされている、と改めて確信しました。

(5) 当事者・経験者が作成に深く関与する

当事者・経験者が深く関与することは、マップ作成において最も重要だと考えています。それはかつて多くの当事者が、利用価値のない情報が溢れているという感覚をもち、絶望していたからです。

私自身、自分のNPOで当事者らとかかわるなかでしばしば感じていた違和感があります。それは「立場の違いによる支援機関の評価に対するギャップ」です。当事者（受益者）と、行政や家族、支援関係者で、「支援」の評価がしばしば異なるのです。

私は、この原因の大きな一つを、立場による評価基準の違いと考えています。行政や支援者は、評価の基準に「ナレッジ（知識）」や「スキル（技術）」を重視しています。支援の成果を重視する立場からは当然でしょう。しかし当事者とかかわるなかで感じるのは、これらの基準で大変高く評価されている支援機関や支援者が、当事者からも高い評価を受けているとは限らないことです。

一方、当事者が重要な評価基準としているは、簡潔に言えば「マインド（精神・理念・哲学）」です。当事者が社会とのかかわりを断って「ひきこもり」をしている大きな要因の一つは、数値化されるスキルやナレッジのような基準のみで自分自身を評価される生きづらさだからです。支援における評価基準がそのような社会の縮図になっていれば、受け入れがたいのは当然でしょう。

もちろん、ナレッジやスキルという基準を軽視するわけではありません。これらは当事者にとってもきわめて重要な指標です。ただ、大切なものはそれだけではないということです。

私自身も、これまで支援のミスマッチを嫌というほど見てきました。たとえば、ブラック企業でボロボロにされてひきこ

もった人を、元気にして再びブラック企業に勤めさせてお祝いするような支援です。支援側に悪意はまったくありませんが、それが本当に残念でたまりません。

このような就労は継続するはずがありませんし、ひきこもりの繰り返しが人間不信を増長させ、セルフネグレクトの危険性を高め、今後の支援が届きにくい個人をつくります。多様な支援は必要ですが、それは当事者のニーズとのマッチングが成されるという前提においてです。

行政や支援者、親だけの評価をもとにまとめられたこれまでの支援機関の情報リストは、当事者の視点が大きく欠落していました。私たちのつくる「支援機関マップ」には、その欠けているものを補う役割があると考えています。

4　さまざまな実践者の集まりだからこそ

近畿交流会は、多様な支援機関や当事者の交流を第一義的に組織化された団体です。「ミッション」や期待される役割はありますが、団体として実践哲学に統一した見解をもつものでもなければ、特定の支援について意見をしたり、ましてや批判を出したりするものではありません。だからこそ、このような多様な支援機関を包括的に紹介する「支援機関マップ」を作成できる立場にあります。

このような「支援機関マップ」をどこか特定の団体が出すとなれば、その団体の哲学に相反する団体は掲載しにくくなり、多様な情報源とすることは難しくなるでしょう。「さまざまな実践者が集まっている」ことこそが、近畿交流会の最大の魅力です。

第2部

信じて任せて待つ

——決して孤立しないこと

家族から

① 平常心で任せて待つ

松浦 左知子

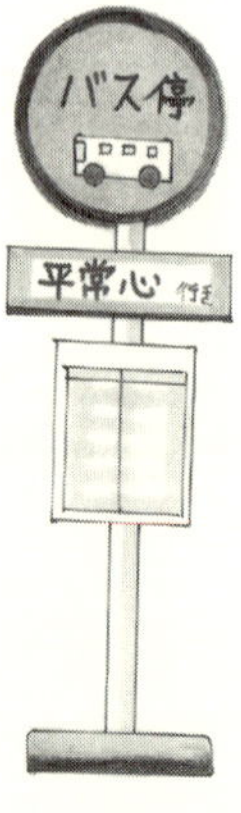

娘は１９８７年６月、私たちの第一子として生まれました。父方にとっては初めての内孫、母方にとっては初孫でした。母乳をよく飲み、すくすくと大きくなりました。肌が弱く湿疹に悩まされたのと、痙攣しているように目を見開いて、天をつかむように両手を広げ大声で泣くことがたびたびあり、心配しました。１か月健診時に質問すると「モロー反射なので心配はない」とのことでした。

1 〝手〟も〝気〟も〝目〟も……

９月１日より保育園に入園しました。母乳がよく出たので母乳バッグを持って登園しました。まだ２か月半だったので泣くこともなく、保育園に慣れていきました。娘が２歳のとき（１９８９年）に妹が、6歳のとき（1993年）に弟が、10歳のとき（1997年）に末の妹が生まれ、お姉ちゃんとしてお手伝いをし、兄弟の面倒を見て育ちました。

⑴ 怖がり、他力本願と思っていた

保育園が嫌いなわけではないのですが、木曜日の夜、祖父母宅に生協の個人宅配を受け取りに行くと、自分だけお泊りをして保育園をよく休んでいました。当時の保育園の先生にも「週休2日ではなく週休3日やったね」と言われます。

5歳（年長）の12月に、同じ市内で転居しました。理由は小学校が遠く、近所にも一年生になる子どもがいなかったからです。引っ越しした団地から小学校は子どもの足で10～15分、小学生もたくさんいました。4月1日から学童保育のため、同じ団地の4年生のお姉さんにお願いし、夕方もその家で過ごさせてもらうことにしました。学童保育には馴染めましたが学校は行き渋り、泣きながらお姉さんと行ったり、夫が学校まで送って行ったりしました。

怖がりなので一人で留守番することもできません。祖母に預かってもらえない日は私の職場へ連れて行ったこともありました。このまま不登校になるのでは……、と不安でしたが「まあ休みたいだけ休ませよう」と私が腹をくくった頃から、学校を休まなくなりました。

熱などあまり出さない子でしたが「給食の進みが悪く、お代わりをしませんでした」と担任の先生から体調不良の連絡が入り、迎えに行くことがたびたびありました。食欲が元気のバロメーターでした。

夏休みの宿題を祖母に教えてもらい、習字を提出しました。でも金賞がもらえなかったとき「今度はおばあちゃんに書いてもらう」と泣きました。いまならできる子でいたいという自分に対する要求の高さと感じますが、当時は「他力本願な子だなあ」と思うくらいでした。

１９９７年、神戸連続児童殺傷事件がありました。近くの歩道橋の上に不審者が出たなどの連絡が入ると、すごく怖がっていました。団地のエレベーターには子どもだけでは乗りません。宅配便の人が来ても怖くて出ることができませんでした。４人目の産休で私が家にいるのがすごくうれしく、安心したようでした。出産当日の記録を自由研究としてまとめました。家族みんなが出産に立ち会い、自由研究をしている彼女だけ、助産師さんが身長や体重を計るところも見せてもらえました。娘は二度目の経験でしたが、この妹の誕生に立ち会ったことは大きな〝出会い〟となりました。後に「母子にかかわる仕事がしたい」と思うきっかけになったようです。

(2) リストカットに気づかなかった

娘が中学1年生、弟が小学1年生になる3月末に、夫の実家のある和歌山県に引っ越しました。私たちは、中学校にはいくつかの小学校から進学するものと思っていました。入学のときなら転校生も目立たないと思ったのです。しかしそこは、一つの小学校からそのまま中学校へという校区でした。新学期が始まりました。私は自動車で片道1時間の通勤となり、引っ越し、新学期、通勤で疲れていました。子どもたちのことは夫に任せてしまい、〝手〟も〝気〟も〝目〟も外してしまいました。3月までは母子家庭のような生活が4月からは父子家庭のような生活に変わり、4人の子どもたちはそれぞれ新しい保育園、小学校、中学校へ。生活様式が激変し戸惑いの連続でした。

娘はテニスクラブに入り、言葉の違いにカルチャーショックを感じながらも、楽しく過ごしているように見えました。父親とのぶつかりはありましたが、思春期、体の変化からくるものだと思っていました。学校での人間関係の緊張感の高さについて、私は思い至っていませんでした。

1年生の2学期、中間テストの範囲発表の日、一番仲のよかった友達とトラブルがあったようで、次の日から学校を休みました。訳を聞いても詳しくは話してくれません。1か月休んだ後、2年生になるまで保健室登校でした。登下校時に友達と会いたくないからと時間をずらしていました。

クラス替えをしてもらい、2年・3年は登校することができました。3年生になる春休みに「大きい病院に連れて行ってほしい」と言いました。受験のストレスだと思い、知人の紹介で大学病院の小児心療外来へ連れて行きました。「不安障害」と診断されました。引っ越しをして私は通勤時間が長くなり、労働組合の役員もしていたので帰宅は深夜になることもありました。そのためか娘は、私が仕事を休んで二人で病院に出かけることがうれしかったようです。

テスト前はよく取り乱していました。テスト範囲まで勉強できなかった、休んでいて授業を受けていないからわからない……などと怒って、泣いていました。目の前のことや未来に対する不安が、私の予想以上だったようです。「高校へは行かなくてもいい？」とよく聞いてきました。私は高校だけは卒業したほうがよいと思っていたので、そのたびに「どこでもいいよ、その学校に行きたい理由があるのなら」と伝えていました。制服がかわいいという理由で志望校を決めました。

志望校決定の三者面談の内容を、娘は取り乱していて何も覚えていませんでした。娘の志望通りに決まったのに、「どうせあかんて言われたんやろ！」とパニックになり、話を理解できなかったようです。面談の後、保健室の先生にあいさつに行くと封筒を渡されました。中にはカッターナイフが入っていました。娘が自分の体を傷つけるので預かってくださっていたようです。リストカットに気づいていない母親だったのです。

(3) 何気ないひとことが傷つけていた

春、志望高校に合格し野球部のマネージャーになり、忙しく過ごしていました。新しい環境でこれまでの不安がなくなり、がんばっているのだと思い、「毎日よくがんばっているね」と声をかけていました。５月の連休の遠征試合の後から、学校に行きにくくなってきました。受験や新しい生活の疲れからだと思い、休めばよくなると思っていました。何とか夏休みとなりましたが、一日中寝たきりの生活となりました。中学生の頃もときどき一日中寝ていることがあったので、休養すればよいと思っていました。

２学期が始まり２日目、夫が車で送って行きましたが、学校が近づくとガタガタと震え登校できませんでした。娘は眠ってばかりいる自分に不安でイライラしていました。この状態は病気だからなのか怠けているだけなのか、これからどうしたらよいのか、と私に聞くのですが、答えられませんでした。「『がんばっているね』と言われたら、がんばらなくてはいけないと思ってしんどかった。もうこれ以上がんばられへん」

そんなつもりではない私の何気ないひとことが、娘を傷つけ追いつめていました。心療内科でうつと診断されてホッとしたようです。

2 「母親を求めている」

「仕事が休めるのなら休んでやってほしい、母親を求めている」

と夫に言われ、2か月間看護休暇を取りました。娘は「なんか安心する」と言って、相変わらず眠ってばかりでした。2学期は休み、3学期は休学しました。

娘は3月、初めて行動を起こし、雑誌に載っていた学校の資料請求をしました。大阪市内のサポート校です。知り合いのいない、遠い学校へ行きたかったのです。そこの校長先生の「たとえばどんな勉強がしたい?」との質問に、「食べることが好きだから食にかかわる勉強、栄養士の勉強がしたい」と答えました。娘がそんな将来を考えていることを初めて知りました。

(1) 思いがすれ違っていた

サポート校は開校2年目で生徒数も少なく、毎日登校してもいいし、休んでもいいという自由さがありました。通信制高校のサポートがあり、担任もいます。どの先生もすぐに顔を覚え、名前で呼ばれます。帰るときには「無理しなくていいけれど、明日も待っているよ」と声をかけてくれます。

「待っているよ、と言われるとなあ……」

と、娘はよく言っていました。担任の先生の支えもあり、離島での7泊8日のスクーリングにも参加しました。2年間在籍しましたが実質は1年間も通えず、家で一日中寝ている生活は変わりませんでした。暑がりで寒がり、腹痛、頭痛、と体調不良ばかり。うつの薬は増えていくものの「ちっとも効かない」とイライラしていました。同級生といっしょに卒業したいという思いが強く、高校在籍日数が半年足りないので高校卒業程度認定試験を受け、サポート校を卒業しました。友達や担任の先生と卒業旅行にも行きました。私は、学校には友達がいるから、友達との関係が楽しいところだと思っていましたが、支えられる先生との関係で通えることもあることを知りました。いつも元気で、子どものことを肯定的に捉える先生たちに支えられました。

私は子どものことを、自分の体験や考えからしか見られず、娘の願い、思い、気持ちを理解するのに長い月日がかかりました。娘と私は食べ物の嗜好や感覚が似ているところがあったので、お互いに言わなくても伝わる、分かり合えると思っていました。娘が、部屋の外に声が漏れるくらい泣いていたとき、私は泣いているからそっとしておこうと思っていました。娘は、私に横に来てほしい、助けてほしいと泣いていたそうです。「言わないと伝わらない」ことが分かった、と娘に言われました。

お互いに思いを言葉にせず胸のなかでつぶやいていたり、わかってほしいと思うことがたくさんあったことに気がつきました。

⑵ 背中を押し過ぎていた

娘はみんなと同じように卒業できましたが、次の不安が追いかけてきていました。進学も就職もしていない、所属しているところがない、という不安です。「いまどうしているの?」と聞かれても、答えられない苦しさ。常に世間が追いかけてくるのです。怠けている(ように見えるいまの)自分を認められないのです。

6月、ニュージーランドへ語学留学しました。いっしょに行く人と空港で初めて会いましたが、すぐに意気投合しました。「楽しい!」という電話や葉書が届きました。9月にいきなり「うつが来た」と電話があり、9月16日一人で帰国しました。「ニュージーランドはすごく暮らしやすい国だけど、家族がいないからなあ。特に一番下の妹に会えないから」と言っていました。願い通りに行動し、誰も知らないところ(外国)に行き大自然の癒しを受けても元気にならないことに落ち込んで、昼夜逆転の生活になりました。

外国へ行っても逃げられない、どこまでもついてくる自分。理想の自分を思い描き、現実とのギャップに悶々とする毎日。ありのままの自分、そのままの自分を丸ごと認められない。親にはわからない娘のしんどさ。「しんどいなあ」としか言えない。わが子だけれども自分とは違う人間と「自覚」し、娘は何を考え、何を感じているのかを想像することしかできない。寄り添って歩むことくらいしかできない――。

こんなふうに考えるようになったのは、「登校拒否を克服する会」の高垣忠一郎先生や広木克行先生の講演や本のおかげです。「信じて、任せて、待つ」と呪文のように唱えながら過ごしてきました。なかなか待つことは難しい。親の思っていること、思っている方向に娘が進もうとしたら、うれしくて背中を押し過ぎたり引っ張りすぎたりしていました。

(3)「若者支援ネットワークおおさか」との出会い

20歳になり、小児心療外来には通いにくくなって「薬はもう飲まない」と宣言し、体調の悪い日が続きました。頭痛、腹痛、過食、過睡眠、生理不順、しんどい、悲しい、涙が出る、消えたい……。

それでも朝、弟の弁当を詰める手伝いのために起きて来ました。夕方、末の妹が帰って来ると、起きて来て宿題に付き合っていました。10歳違う妹を大変かわいがり、身の回りの世話をしていました。

少しずつ自分の気持ちを言葉にするようになりました。保育園の連絡ノートも読み返していました。自分のノートだけでなく兄弟の分も読んでいたようです。アルバムを見たりして子どものときの自分を振り返り、生きなおししているかのようでした。

「いい子でいないと嫌われると思った」
「ドロドロした自分がいるのを認めたくない」
など、過呼吸気味に話すことがありました。

22歳の春、京都の大学の2部に通うことになり、一人暮らしも同時に始めました。寝たきりの生活から全て一人で切り盛りする生活は、エネルギーが足りず、一度帰宅すると再び京都へ行くことはできませんでした。それでも下宿を引き払ってしまうともっと悲しいだろうと、本人のあきらめがつくまで借りていました。

娘は毎日私の予定を気にし、帰宅時間を確認していました。私といっしょにならいろいろなことができるのではないだろうか、私は仕事をやめたほうがいいのではないだろうか、と悩んで「NPO法人子ども・若もの支援ネットワークおおさか」の青木道忠先生に相談しました。

先生は娘に、テープ起こしの仕事を紹介してくださいました。お金をいただけたことがうれしかったようです。その後ピアサポーターとして中学1年生の男の子の家に週1～2回、その半年後には女の子の家にも行き始めました。週に2～3回出かける練習となり、お金をいただけることは大きな一歩でした。

着物の着付け教室、カウンセリング講座にも通い、週に4～5回出かけられるようになってきました。私たちはリハビリと言っていました。

(4) 短期大学卒業を祝う

25歳で短期大学に入学しました。7歳下の同級生と空白の学生時代を取り戻すかのように毎日忙しく過ごしました。しんどくて立ち止まってしまうと、また寝たきりの生活に戻ってしまうのではないかという恐怖が常にありました。しかし、オープンキャンパスの手伝いや食育クラブの活動をして、土曜日も日曜日も学校に行っていました。こんな日が来るとは思えない、充実した日々でした。

成人式にも行かなかったので、卒業式のはかま姿を見に、祖母や私の弟も来てくれました。

3　一喜一憂せず

編入試験を受け大学の3回生となりました。編入試験を受けて入学した人たちと意気投合し、励まし合いながら過ごしています。下宿に泊まらせてもらうこともたびたびあります。4回生のいま、ゼミの人間関係につまずき過呼吸で倒れました。学校へ行こうと頭では思っても動けない日があります。ここまで来てもったいないという思いと、ここまで来られたという思いがあります。

短期大学では、学長室をはじめ教授の研究室で過ごす時間が多く、楽しく過ごしていました。人との関係に支えられて卒業できました。いまは人との関係に傷つき、また動けなくなっています。

自分が自分のままで、ありのままの自分を丸ごと受け入れることは、まだできません。できていることより、できていないことを数えてしまいます。不安だらけの社会で、人より不安センサーを多くもっているのです。

家族は一喜一憂せずに平常心で過ごすことを心がけ、「信じて任せて待つ」と唱えて過ごしています。

家族から

② 伝えなければ伝わらない

北林一郎

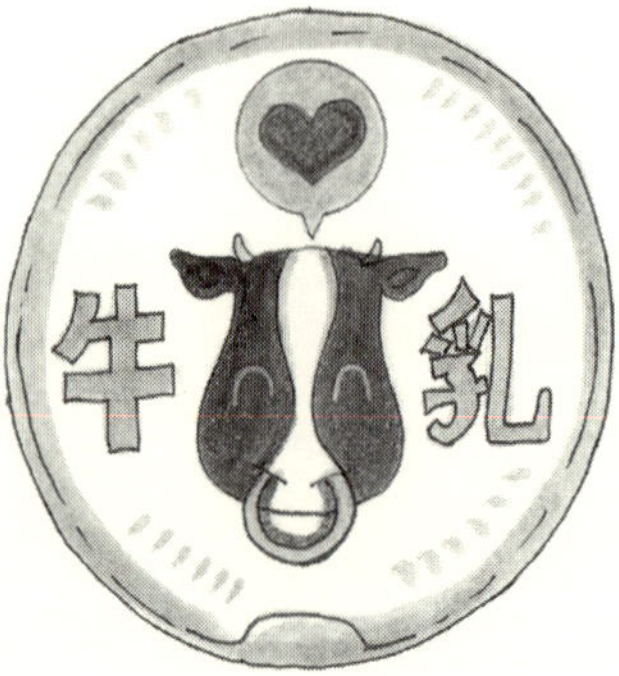

X男は長男で、親の期待を背負って生まれた子でした。まず名前に親の願いが込められていました。高名な囲碁名人にあやかってつけた名です。幼時からマイペースでした。後に自ら発達障害だと私たち親に告げたとき、そう言えばあれもこれもあてはまることだったか、と子育ての時代を振り返ったものです。保育園の先生が「X男くんは何でもゆっくりだから」と言っていたことを思い出します。

1 つきつけられた「毒親」

小学1年生から囲碁を習いに行かせました。「切符をなくして帰れずにいるから迎えに来るように」と、駅から電話がかかってきたことがありました。急いで迎えに行くと、X男は切符売り場の隅に座り込んでマンガを読んでいました。特に困った表情でもありませんでした。

小学4年生のとき、給食の牛乳のフタ集めに凝って数十枚集めました。それを友達に盗られるというトラブルがありました。先生や相手の親御さんとの話になりましたが、それきりプッツとやめてしまいました。凝り出したら徹底的に凝るが、何かがあったらピタッとやめる。そんなに執着はないようでした。

(1) 次第に口をきかなくなり……

高校に入ったとき、携帯電話を買ってやりました。しばらくして4万円とか6万円とか高額な請求が来ました。私はひどく怒りました。するとピタリと使用がやみました。高校3年生の夏、全然勉強していないことに私が腹を立て、部屋に置いてあったテレビを取り上げました。携帯もテレビもダメだと言ったらピタッとやめたのは、牛乳のフタの件と同じでした。

その頃から私とはあまり口をきかなくなりました。それでも、自分のことだから進学をめざして勉強しているだろうと思っていました。親として高校へはまったく足を運びませんでした。高校から進路懇談の連絡がないのを、何も不審に思わずにいました。卒業する段になって慌てました。希望する大学への進学が厳しいことを知りました。そこまで放置していたのは親が悪い、と知り合いの高校教師から言われました。最後の最後に、希望ではありませんが比較的通学時間が短い大学に何とか入学しました。

親は大学に行っているものと思っていました。しかし2年次、学費の納入時期になっても大学から請求がありません。不審に思ってX男に聞くと「大学は合わないからやめた」と言います。親にも言わずに、かなり前に自分でそうしたというのです。そのときは特に怒ることもしませんでした。X男には所属場所を与えてやることが大事だったようです。授業ごとに移動し、特に決まった居場所がなかった大学は、どうも合わなかったようです。その後どうするのかと見ていると、X男は郵便局の内勤のパートを始めました。

しばらくして、X男は私たちに「毒親」という本をつきつけました。私たち夫婦が子どもにとって毒になる親だというのです。私は腹が立ちましたが、その場では黙殺しました。渡された本はタイトルだけ見て、中身はまったく読みませんでした。

X男はひきこもりました。私たちとは一切の生活を別にし始めました。鍋やフライパンをはじめ調理道具を自分で用意し、自分でご飯をつくり、自分の分だけ洗濯して自分の部屋に干す……、という生活です。家族とはまったく口をきかなくなりました。その後、X男はパートもやめました。家から一歩も出なくなりました。私は毎日玄関の靴を揃えるようにしました。もし、気分転換にでも外出したら、靴の位置が変わっていることで分かると思ったからです。

(2) 危機を感じて本気で呼びかけた

ひきこもりは3年近く続きました。私は2階の部屋のドア越しに、中のX男にたびたび話しかけました。いつも返事はありません。そんなとき、ひきこもりの青年が起こした「事件」がありました。私は、断絶状態にあったX男に、部屋の外から本気で呼びかけました。私が子どもの頃からずっとX男のことを思っていたこと、つまりは愛していたことを語りました。

初めて反応がありました。X男は、子どもの頃から私に愛された記憶がないと言います。しかし、それは勘違いです。「私は、いや私たち夫婦はずっとX男のことを思ってきた」と言いました。X男は「そんなこと初めて聞いた」と言いました。確かに、私はあまりそんなことを言ったり表現したりしたことはありませんでしたが、「テレビや携帯のことにしても、憎くて怒ったんじゃない」と言いました。「ずっとX男のことを心配して育ててきたんだ」と言いました。

さらに「いまひきこもっていて悩んでいるその悩みを、親以外の人に相談しないか」と言いました。私の友人でX男のことを小さいときから知っている人や、ひきこもりの若者を支援する団体の人など、「X男が望めば紹介する」と言いました。

X男の心は動いたようでした。しばらく無言の後、X男は「子ども・若もの支援ネットワークおおさか」の青木道忠先生を指定しました。ようやく一歩を踏み出してくれそうでした。

私はさっそく青木先生に連絡を取りました。青木先生が指定した日時と場所をX男に伝えると、「行く」と言いました。

⑶ 子も親もそれぞれ受けたカウンセリング

青木先生とのカウンセリングが始まりました。初めてのとき、私が地図を書いて渡しました。本当に行くのか、行けるのか心配でしたが、何とか家を出ることができて、無事にたどり着いたようでした。ずっとひきこもっていたので、私には家を出たのがうれしい出来事でした。

青木先生は、「ひきこもっている人は、髪の毛が伸び放題だったり、衣服にも関心を払わない人が多いが、X男くんは髪も短髪で服装もこざっぱりし、受け答えもしっかりしていて、とても好青年だという印象をもった」と言ってくださいました。とりあえず第1回目は、いいスタートが切れました。

親としては今後も順調に続いてくれればいいと思いました。

親からの聞き取りも必要だというので、私たち夫婦もカウンセリングを受けに行きました。共働きで、大きくなってからあまりX男にかかわれていなかったと、幼い頃からの生育歴を振り返るなかで思い当たりました。また夫婦二人とも、X男のことは心配していながらも、それで始終気に病んでいるわけではなく、それぞれの仕事も趣味での気晴らしもちゃんとやっているのは重要だ、と言っていただきました。

その後、「子ども・若もの支援ネットワークおおさか（以下「ネットワーク」）」はNPO法人の認可を受け、千早赤阪村に事務所を借りて居場所をつくりました。X男もそこに通うようになりました。そして、在宅でテープ起こしや簡単なチラシ作りなどで働くことと、報酬を得ることを少しずつ経験するようになりました。

ただ、相変わらず私たちとは話もせず距離を置いていました。X男の動向は、カウンセリングのときのことを青木先生に知らせてもらっていました。

2　アスペルガーと自覚して怨みが瓦解

「ネットワーク」で親子ともにカウンセリングを受けるなかで、X男は半年後、2階から降りて来て私たち夫婦の前に座り、私たち夫婦に心を開いて話をし、断絶、「毒親」状態から抜け出しました。

X男は「どうやら自分はアスペルガーらしい」と思い至り、自分の悩みは父母の育て方からきているものではなく、自分固有の性格に由来するものだと理解し、私たちへの「怨み」を捨てたようでした。それからは私たちといっしょに食事ができるようになりました。

(1) 障害者手帳を取得して就労

X男はやがて「ネットワーク」の支援で就労体験をしました。スパゲティーなどを出す洋食・喫茶の店に3日勤めました。礼儀正しいとの評価を青木先生からもらっていた通り、店主にも気に入ってもらって「ずっと来てくれたらいい」とまで言っていただきました。

しかし、X男は3日続きませんでした。「とにかく疲れる」と言います。店主に「この辺を掃除しておいて」と言われると、どれくらい掃除したらよいか分からないようです。箒とちり取りでチャッチャと掃くくらいでいいのか、もっと念入りにしなければならないのか判断できず、精神的に疲れるというのです。それが、適当な判断ができないアスペルガー特有の症状だと言われれば、そうなのかと思うしかありません。

その後、発達障害の診断を希望したので、X男指定の「大阪府心の健康総合センター」に連れて行きました。X男だけの診察の後、親の私とだけの話がありました。本人が発達障害の診断がついたほうが安心するのならその診断をつける、というような言い方だったと思います。そしてX男は障害者手帳をもらいました。

さらにその後、X男は就労に向けて東大阪、続けて平野のサポートセンターに通うことになります。そして研修や企業での就労体験などを経て、1年ほどで、ある会社の事務職に障害者枠でパートとして就職しました。最初は3か月、続いて半年、続いて1年と雇用契約を結んで働き、3年勤めたら正社員への登用もあるとがんばっていました。

しかし、2年半勤めた頃、その会社が経営不振で存続が難しくなりました。救いの手が差しのべられて会社は存続することになりましたが、経営者が変わるため、再雇用契約をするかそのまま退職するかが問われました。X男は、ただでさえ最低賃金で雇われているのに、労働時間が延びる上にさらに賃金も安くなる会社にはいたくはない、と退職を選びました。退職を前に、残っている有給休暇を計算し、約半月ほどそれを消化した上で退職しました。権利をきちんと行使して退職するあたりはとてもしっかりしている、と思いました。私などは「もういいか」と思ってしまいそうです。

いまは家でゆっくりしながら、次の仕事を探しています。平野サポートセンターでお世話になった人に相談して「次もすぐ見つかるよ」と言ってもらったのが、心の支えになっています。

(2) すっかり打ち解けて

息子がひきこもったのは、3年ほどでした。しかし、その前後も合わせて数年間、親子の心が通い合わなかったことになります。親も苦しかったけれども、子どもも相当悩んだのだろうと思います。

いまでこそ何でも口にできますが、若い頃はわが子に対して「愛してる」とか「かわいい」と口にしたり、まして抱きしめたりはしませんでした。言わなくても分かるだろうと思っていましたが、わが子にそれは通用しませんでした。わが子は、人の心を理解するのが苦手で、分かりやすく伝えなければ伝わらなかったのです。いまは打ち解けて、30歳近くなった息子が「父ちゃん、父ちゃん」と話しかけてきます。とてもありがたいことです。

当事者の親として、いろいろ苦労しましたが、「ネットワーク」のスタッフの人たちのおかげで今日まで来られたのだと思います。大変お世話になった「ネットワーク」にはとても感謝しています。

家族から

③ 家族関係のつくりなおし

津島　治

「ひきこもり」に関する認知・理解は進んでいません。厚生労働省の定義（73頁参照）も状態像の表現で、関心のない人たちにはよく実態が見えてこないばかりか、家庭の問題、本人の性格や甘え、怠け心として受け止められているようです。私も、わが子がひきこもりになるまではその程度の認識でした。本人の苦しみ・つらさや不安、家族の苦悩も、別の世界のことだと思っていました。

そんなわが家が、ひきこもりの子どもをもったことで家族関係が分断され、一時は家庭が家族を守る受け皿でなくなりました。本人たちにとっては逆に、家庭にいることが苦しみそのものになっていきました。しかし、ひきこもる本人にとっては、最も身近な居場所である家庭が本人を癒し回復してゆく原点であることは、間違いがありませんでした。

わが家は31歳の長女、29歳に次女、妻、私の４人家族です。

現在、長女は自宅で大好きなイラストを描き、たまに、小さいながら漫画の依頼を受けるなどして仕事をしています。外でアルバイトをしたほうが収入は大きいのですが、自らのこころと身体の声を素直に聴いて、自分のペースで毎日を送っています。また、ひきこもりの若者の支援機関にも所属して週に一、二回足を運び、販売用の絵葉書を作成したりもしています。

次女も同じ支援機関に通いながら、絵を学んだり、他の若者たちと楽しく交流したりしています。家庭では、たまに喧嘩もしながらも楽しく暮らしています。

いっしょに夕飯を食べたりテレビを見たりどこかに出かけたりと、何気ないありふれた日常がこんなに素敵なものだと感じられる日が来ることを、ほんの数年前までは信じることができませんでした。

1　時間が凍りついたとき

(1) 長女のリストカット

「こんな家に生まれてきたくなかった」

リストカットした腕の血でリビングの白い壁に書かれた文字を見たときの衝撃は、いまも脳裏に焼きついています。同時に、自室の壁一面にも赤い絵の具で「死にたい・殺す・死にたい・殺す……」と呪文のように書かれていた文言は、彼女自身に対してと中学時代の担任・同級生に向けたものでした。妻も妹もただ青ざめた顔で立ちすくみ、時間が凍りつきました。長女が20歳、専門学校休学時の秋のことでした。

長女は中学時代に漫画家になることを夢見て、県立高校の芸術クラスに通い、卒業後は専門学校の漫画学科に入学しました。意気揚々と専門学校に通い、夢をかなえるために努力しているように見えました。

ところが夏休みを目前にした7月初旬、気持ちが落ち込む、食欲がないとの症状から始まり、起き上がることさえできなくなりました。数週間後には身長160センチで体重が36キロに激減し、加えて衰弱もひどかったので入院をすすめましたが、「絶対にいや」の一点ばりでした。近所の内科医で点滴を受けながら回復を期待しましたが改善せず、精神的にも不安定だったので、嫌がる娘を精神科に連れて行きました。そこで統合失調症と診断され薬を処方されました。

8月には、自分に何が起こっているのかさえ理解できない不安感が彼女を襲い、母親にべったり甘えるようになりました。そばを離れようものなら「どうして一人にするの」と不満をぶちまけていましたが、いっしょにいても満足している様子でもなく、母親を睨みつけて情緒がとても不安定でした。なぜこのような両価的感情をもっていたのかは、やがて症状が進み家族関係ぎくしゃくしていく過程で判明していきます。

9月になっても抑うつ感情は深くなるばかりで、今度はリストカットが始まり、夜中に大声で叫び、壁や床を叩いて暴れるようになりました。医師からは「通学できる状態ではないので休養しなさい」と言われましたが、「クラスから取り残されるのが怖い」と10月から通学を始めました。しかし、現実的には無理な状態で、何度も電車の駅構内で動けなくなり、リストカットをしていたこともあってたびたび迎えに行きましたし、道路に倒れ込んで警察署に保護されたこともありました。ドロップアウトしたくない一心で通っていたのでしょう。

⑵ 抑え込まれていた思い

12月からは、通学する気力さえなくなり、「自分一人だけが底なし沼に落ちて行く」と漏らしていました。休学をすすめましたが、

「いまのクラスで卒業したいのに、それもできないなら、いっそのこと退学して別の専門学校で一からやりなおしたい」

と言って、新たに専門学校の願書を取り寄せたり、「漫画はあきらめて声優になりたい」と言い出すなど、現実から目を背けていました。逃げ口ではなく、本当はどうしたいのかを何度も話し合いました。そして自分なりに考え納得して、翌年度1年間はゆっくりと休学して復学をめざすと決めました。

年が明けて3月までは、自宅でゆっくりと課題を制作して落ち着いていました。しかし4月になってからは、「この1年間で元気にならないと。もっと絵を描いてレベルを上げないと。クラスのみんなはがんばっているのだから……」と焦りといら立ちが目立ち始め、気持ちが空回りしていました。

それと同時に急に塞ぎ込むようになり、口数もぐっと減って喋らなくなっていきました。リビングにポツンと座り、力のないうつろな眼で2時間でも3時間でも一点を見つめていることが、毎日のように続きました。

「何を考えているの?」

と聞いてもすぐに返答もなく、おもむろに小さなかすれた声で、

「昔、言われたことが頭から離れない。ビデオを再生しているように見える」

と答えるのでした。そして、常に出てくるのは次のことでした。

「お母さんが、漫画では食べていけない（と言った）」

妻も将来を心配して言ったのでしょうが、長女にとっては相当ショックだったようです。母に認めてもらえない悲しさと怒りを数年間こころの奥にしまいこんでいたのでしょう。大好きなお母さんからのこの言葉が、彼女を数年間苦しめました。だからこそ、母に対する態度は甘えと恨みが入り混じった歪んだものとなっていたのでした。

(3) 妹の不登校・ひきこもり

実は長女がひきこもる6年前、妹が小学校6年のときに、いじめで不登校になっていました（長女は中学2年）。妻はこの直前に大病を患い、うつ病になりました。日常生活はなんとかこなせる程度の気力・体力で妹の不登校に向き合うことになります。妹はよくも悪くも、感情をまっすぐに母親にぶつけていました。

「もう死んでしまいたい」

と毎日泣き叫び、車道に飛び出したこともありました。また、食器や本を投げつけて暴言を吐いていました。ただ、自分の気持ちを外に出した後は、毎回「ごめんなさい」と素直に謝る娘でした。

結局、中学は1日も通学することなく、その後3年間ひきこもります。いじめによるこころの傷はいまも癒えてはいませんが、私たち夫婦も、親の会や支援機関での相談で自分たちの苦しみやつらさを吐き出しながら、子どもの気持ちを理解しようと努力しました。

そして、昼夜逆転、ゲーム三昧など、不登校のお決まりコースを歩んでも見守る力をつけていきました。母親への甘え方も、依存的な時期もありましたが、甘え上手な面もあって、ひきこもっていても家庭では比較的安定した生活を送って、親子関係も崩れることはありませんでした。

(4) 家族を巻き込み、誰もが救いのない気持ちになる

長女の場合も、専門学校に行けなくなったときに大変なことになったと思いましたが、妹の不登校やひきこもりを経験していたので、そんなに慌てませんでした。しかし、妹の不登校とはまったく別ものであることを痛感させられました。

長女のひきこもりは感情を外に言語として出すのではなく、抑え込んで不機嫌になったり、リストカットをしたり、魂の抜けたような放心状態を見せたり、家族に、自分がどんなにつらく苦しいのかを認めてくれ、と言いたげな態度や行為でした。

なんとも言えない重い空気を漂わせ、同じ空間にいっしょにいると耐えられないほどの息苦しさを覚えました。口を開けば、先生・生徒から言われた悪口、母から言われた言葉を繰り返しました。聴いてくれる誰かがいないと自室に戻ってリストカットをしたり暴れたりと、自分も傷つけ周囲の家族もいたたまれなくさせました。

(5) 傷つけ合う母娘関係

母親は、「リストカットだけはやめてほしい」と涙ながらに懇願し、時にはヒステリックになって訴えていました。頼まれると「もう、二度としない」とそのときは約束するのですが、守ることはできませんでした。こころにストレスを覚えるとすぐにリストカットを繰り返し、血を流し傷つけた腕

を見せに来るのでした。

自分の苦しみをわかってほしい。漫画家になりたい自分を母に受け入れてほしかった思いと、認めてもらえなかった恨みをもつ娘。なんとかしてやりたいと思いつつも、自分の身体を傷つけることを許せない母——。

うつ病を抱えている母親にとってはこの状況に耐えることができず、寝込むようになり、何もしてやれない自責の念に苦しみました。一方で、家事ができない母をダメな母親と攻撃する娘。関係はどんどん泥沼化していきました。このような母娘関係は、長女が26歳になるまで6年間続きました。

2 恨みから理解へ

(1) 立場が逆転して

妹が不登校になっていたとき、長女もつらい中学生活を送っていました。勉強ができない生徒は「馬鹿」、成績がよくても世間の常識が欠けていれば「人間のクズ」と言う担任。そんな締めつけの強いクラスでは陰湿ないじめがあり、時に自分もターゲットになっていました。

下校すると、家でのんびりとテレビを見て、漫画を読んで、母親に甘えている妹の姿が許せなかったのでしょう。

「学校に行かないより、行っているほうがもっとつらい。悲劇のヒロイン面するな」

こんな言葉を浴びせかけました。長女も本当は不登校をしたかったのかもしれません。妹はそれ以降、長女の態度に敏感になっていき、長女の前では常にご機嫌を取るようになりましたが、自室では「私だって、家にいても本当はつらいのに……」と布団にもぐり涙を流していました。

その後、長女が休学して家にひきこもるようになると、妹は「通信制高校に行きたい」と言い出しました。18歳からの高校生活です。小学・中学校と卒業経験がないので味わってみたいとの理由でしたが、一方でふさぎこむ長女と顔を合わせない時間がほしかったのでしょう。

学校へ行き始める次女とひきこもる長女。立場が逆転して、長女もひきこもっていた妹のつらさを実感してか、次女への態度がやさしくなり、緊張していた姉妹関係も和らぎ始めました。

(2) いっしょに住む無意味さ、別々の住む意味の大きさ

「こんな家に生まれてきたくなかった」

あのときから、家族のあり方は大きく変化していきました。いっしょに暮らすことで、お互いが傷つけ合う意味のなさをどこかで感じ始めていました。特に長女と母親の関係の歪みは、同居では回復が不可能になっていました。

精神科医からも、長女の別居をすすめられましたが、「わたしは絶対に出て行かない」と憤りました。家事もできず抑うつ的で、夜中に大声を出し、リストカットもやまない状態では、一人暮らしは無理と判断しました。

そこで、妻が別居することになりました。他県に住む姉の家に、1年のうちの半年間ほどです（長女20～22歳）。ただ、半年は同居となるので緊張が高まります。そこで、次は自宅近くのアパートに住み、母親は昼間の短時間だけ自宅に戻るスタイルにしました（長女23～24歳）。

母親抜きの生活は、父・娘3人で家事の分担をしながらで、不便でした。しかし母親との感情的な葛藤がなくなり、リストカットしても私たちが母親のように取り乱さないこともあってか、長女の気持ちも安定して落ち着いた生活になり、彼女に笑顔も増えました。

ただ、この別居生活で母親のうつ病が悪化して、自宅に帰る必要に迫られました。

「どうしてお母さんが帰ってくるの。同居なんて考えられない。帰って来るまでにどこか住む所を探して。私が家を出るから」

今度は長女が家を出ました（長女25〜26歳）。まだ、ひきこもり状態だったので、食事は妻や私が毎日運びました。

こうして互いに離れた生活で、自分に向き合う時間の確保、相手の思いやりを頭ではなく、こころで納得して、徐々に許せるようになったようでした。長女が家を出て2年後、4人でいっしょに暮らしたいと自宅に戻りました。6年間の別居生活は淋しい反面、家族の絆、特に妻と長女には母娘関係をつくりなおすのに必要な期間だったのだと感じています。

3　父親としての思い

この16年間、娘たちの思春期・青年期とひきこもりが重なりました。この時期、父親は娘たちからは疎遠に扱われると世間では聞きます。しかし私に関しては、「ひきこもり」でいてくれたことで多くの時間、娘たちと寄り添える時間をもちました。話を合わせるためにゲーム・アニメなど、趣味を広めることもできましたし、いまもそれが共通の話題で、父娘の交流の窓になっています。

でも仕事から、あの重い空気の家には帰りたくない日もありました。娘たちと向き合うために、帰宅の際は玄関で「よし!」と気合を入れなおし、笑顔で「ただいま」と家に入って行きました。

現在、娘たちは定職についていません。何度かアルバイトの経験もしましたが、精神科医からは、過去のトラウマや統合失調症で一般的な就労は無理だと言われました。

将来の不安がないと言うと嘘になりますが、いまは家族4人で笑って過ごせることが一番であり、一度、壊れかかった家族関係をもう一度つくりなおせた家庭だからこそ、少々のことではへこたれない自信も生まれました。子どもへの経済的・精神的な支えは今後も必要でしょうが、子どものための犠牲ではなく親子いっしょに、それぞれが人生の主人公として協力しながら歩めるような家族でありたいと思っています。

私自身、娘たちの不登校・ひきこもりや妻のうつ病と母娘関係の間での調整役を、必然的にせざるを得ませんでした。自分自身も潰れそうで逃げ出したいときもありました。でも、通わせてもらった親の会・支援機関や精神科の先生が癒しと気力の回復の場となりました。人は回復していく力があり、それを信じることの大切さを、娘たちのひきこもりを通して学びました。決して孤立しなかったことが、私自身と家族の再生を支えてくれたと実感しています。

思うに家族としての幸福感は、各家庭で違います。この経験をするまでは、当たり前のように世の中の価値観に引きずられていました。中学、高校、大学、就職、結婚……。でもいまは、わが家の価値観で胸を張って生きていってもよいと思えるようになりました。

第3部

ひきこもり支援実践のいま

医療

1 ひきこもりと精神科医療

漆葉成彦（医師・佛教大学保健医療技術学部教授）

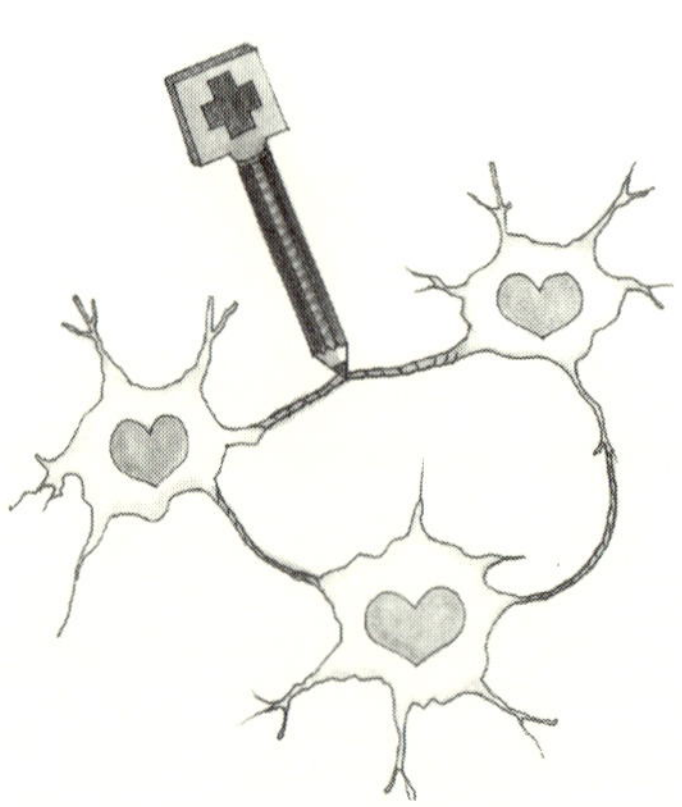

ひきこもりという状態自体は古くから存在したと思われますが、「ひきこもり」という言葉が精神保健・医療の場で注目されるようになったのは1980年代頃からです。以来、さまざまな領域で調査・研究、支援が行われてきました。筆者は1997年から大阪府こころの健康総合センター（精神保健福祉センター）において、ひきこもりの当事者や家族の相談支援に携わってきました。

支援の基本的な考え方は、①ひきこもりは単一の疾患や障害の概念ではない、②ひきこもりの背景は多彩である、③ひきこもりは当事者だけの問題ではない、④ひきこもり問題の本質はひきこもっている当事者と環境との間に生じる悪循環である、というものです。

この考え方にもとづき、筆者らは医療の場で個別相談・治療（本人、家族）、当事者グループ、家族教室などの支援を行ってきました。ここでは、筆者自身の経験にもとづき、精神科医療の場でのひきこもり支援について概略を述べたいと思います。

1 ひきこもり問題とは

2010年に厚生労働省から公表された「ひきこもりの評価・支援に関するガイドライン」によると、ひきこもりとは「様々な要因の結果として社会的参加（義務教育を含む就学、非常勤職を含む就労、家庭外での交遊など）を回避し、原則的には6ヵ月以上にわたって概ね家庭にとどまり続けている状態（他者と交わらない形での外出をしていてもよい）を指す現象概念」（資料参照）とされています。

つまり、ひきこもりという病気があるのではなく、社会とかかわらない（かかわれない）という状態をさして「ひきこもり」と呼ぶのです。

資料▼ひきこもりの定義

様々な要因の結果として社会的参加（義務教育を含む就学、非常勤職を含む就労、家庭外での交遊など）を回避し、原則的には6ヵ月以上にわたって概ね家庭にとどまり続けている状態（他者と交わらない形での外出をしていてもよい）を指す現象概念である。なお、ひきこもりは原則として統合失調症の陽性あるいは陰性症状に基づくひきこもり状態とは一線を画した非精神病性の現象とするが、実際には確定診断がなされる前の統合失調症が含まれている可能性は低くないことに留意すべきである。

（厚生労働省「ひきこもりの評価・支援に関するガイドライン」平成22年より抜粋）

ひきこもりは、ひきこもっている本人だけの問題ではありません。本人自身の要因、家族の要因、社会の要因などさまざまな要因の結果として社会とかかわることができなくなった本人と、このような本人の状態を前にしてどうしてよいかわからなくなっている家族あるいは社会の問題、すなわち社会全体の問題なのです。

2 ひきこもりと医療

ひきこもり問題の支援は医療、教育、福祉、労働などさまざまな領域の機関・組織が連携して行う必要があり、医療分野だけで支援が可能なものではありません。

ひきこもりは社会全体の問題でもあるので、安易に医療の問題と捉えるべきではありません。安易な医療化は、ひきこもり問題を、ひきこもっている本人だけの問題としてしまうことにつながりかねないからです。

たとえば、ひきこもりの背景要因として多くの当事者に軽度の発達障害が存在することが知られています。しかし、発達障害の側面ばかりを強調すると、診断をつけることにのみ支援が偏ってしまい、心理的視点や社会的視点が軽視されてしまうことになりがちです。

もちろん一方で、医療の視点からの支援が必要であることは否定できません。

ひきこもりの支援に関する精神科医療の意義は、次の通りです。

①一般的な精神科医療的対応が可能になる

薬物療法・精神療法により、うつや不安、不眠などの症状を軽くすることができる。

社会参加への準備段階として精神科デイケアなど、医療機関におけるリハビリテーションの利用が可能になる。

②身体症状や精神症状への対応が関係形成の手段となる

さまざまな身体的訴えや精神的な自覚症状に医師が対応することで、本人との間で支援関係が成立する助けとなることがある。

③家族の問題理解に役立つ

発達障害などの診断がつけられることにより、家族の心理的負担が軽くなる場合がある。

④支援目標の設定に役立つ

精神科医療の場で本人の特性を把握することにより、本人に向いた支援目標を立てることに役立つ。

3 精神科医療の実際

ひきこもりに対する精神科医療が、どこで、どのように行われるのかを説明します。

(1) 診療機関について

筆者がひきこもりの診療を始めた頃、精神科医療機関でひきこもりの診療を行っているところは限られていました。これにはいくつかの理由がありました。

まず一つ目は、保険診療として行うことが難しいことです。多くの場合、ひきこもっている本人ではなく家族のみの受診となりますが、この場合は本人の診療を保険で行うことはできません。

もう一つの理由は、たとえ本人が受診したとしても、通常の診療の方法が用いにくいことです。精神科に限らず、医師の診療はまず主訴（本人や家族の主な困りごと）と病状によって診断をつけることから始まります。ところがひきこもりの場合、家族はともかく本人の主訴ははっきりしません。また後に述べるように、診断をつけることも難しいことが多いのです。

また、相当数の精神科医師がひきこもりの治療を精神科医療で行うことに疑問をもっていた、という事情もあります。ひきこもることによって心の安定を得ている人を無理やり社会に引き出すのは精神科医療のするべきことではない、と考える医師もいます。そもそも何らかの精神疾患の診断がつけられない限り、精神科医療（特に保険による診療）の対象とすべきではない、との考えもあります。

こうした理由でひきこもり問題を扱う医療機関が少なかったのですが、最近はさまざまな領域の支援の連携が進んだこともあり、ひきこもりの診療を行う医療機関が増えてきました。とはいっても、まだまだ十分とは言えません。各地のひきこもり地域支援センターや保健所などに相談することで、情報が得られます。

(2) 精神科医療の進め方

ひきこもっている人に関して、相談の初期に正確な精神医学的診断をつけることは難しいことです。その理由は、①ひきこもりの相談では多くの場合、本人が受診せずに家族からの聞き取りになること、②家族と本人の間にコミュニケーションが成立していないことが多く、家族が本人の様子を正確に把握していない場合があること、③ひきこもっていることによって、さまざまな精神疾患の症状が潜在化し不明瞭なものになっていること、などです。しかし、医療的支援の方向性を決めるためには、ひきこもっている人の状態がこれらのうちどの群に入るかを見立てておかなければなりません。

ひきこもりの背景要因は、医療のかかわり方によって次の三つの群に分けることができます。

①主に薬物療法の対象となる群

幻聴や妄想といった精神病症状やうつ症状、不安・強迫などの症状がある場合は、強力精神安定薬、抗うつ薬、睡眠薬などを用いることによって、症状を軽減させることができます。そのことにより、人とのかかわりが楽になったり、家庭内でのストレスが減ったりします。必ずしも診断名と一致するわけではありませんが、統合失調症、気分障害（うつ病など）、強迫性障害、不安障害などがあります。

②主に発達面の偏りや遅れのある群

知的障害や発達障害（自閉症スペクトラム障害、注意欠如・多動性障害、学習障害など）など発達面での偏りや遅れのある群に対しては、本人の特性を周囲と本人自身が理解するとともに、本人の特性に合った接し方と目標設定が必要となります。

③主に心理療法の対象となる群

心理療法の対象となる群には、適応障害や性格の偏りなどがあります。医療機関のスタッフとの関係を通して、人づきあいの練習や自信の回復などを行っていきます。

医療スタッフがひきこもりの背景要因を評価するためには、発達歴、日常生活の様子、精神症状・問題行動の有無などの情報が重要です。

発達歴については、言語の発達、幼児期・小児期の対人関係、学校での得意・不得意科目などの情報が必要です。幼稚園・保育園や小学校での様子をできるだけ具体的に伝えることが、適切な見立てにつながります。

日常生活の様子については、食事、入浴、着替え、部屋の様子などを具体的に伝えることが必要です。医師はこれらの情報から統合失調症や強迫性障害、発達障害などを疑うことがあります。

精神症状については、幻聴、妄想、強迫症状（こだわり）、不安、気分の変動などの情報により、薬物療法の対象となる疾患の診断がつけられることもあります。

問題行動としては、暴力、ひとりごと、食事に関する問題（偏食、過食、拒食など）、睡眠障害（不眠、昼夜逆転）などの症状があります。

4 相談事例の多い疾患

以上の疾患のうち、ひきこもりとして相談事例となることが多い疾患の評価と医療的支援について述べます。なお、提示した症例は、個人が特定できないように内容を変更してあります。

(1) 統合失調症

統合失調症は、10代後半から20代にかけて発症する病気で、幻覚や妄想などの症状（陽性症状）や、意欲や自発性の低下（陰性症状）がみられます。陽性症状にもとづく恐怖や不安から外出できなくなる場合や、陰性症状そのものによって人とかかわらなくなり、ひきこもり状態になることがあります。

非精神病性のひきこもりが、統合失調症と判断される場合と、統合失調症の症状がひきこもりと判断される場合があります。筆者の経験からは、ひきこもりという概念が一般に知られるようになった

2000年代以降、後者の例が増えてきたように思われます。

家族と本人とのかかわりの状況、ひきこもる前の本人の状況、現在の生活状況、問題行動などさまざまな点についての詳細な情報が必要です。

幻聴や妄想などが統合失調症を疑わせる主な症状ですが、家庭内でのコミュニケーションがほとんどなく、家族が本人の症状を把握していない場合もしばしばです。日常生活や部屋の様子が診断の参考となることもあります。

統合失調症については、できるだけ早期に診断して薬物による治療を開始すべきですが、性急な診断は避けるべきでしょう。統合失調症の疑いがあると医師から伝えられることは、家族にとって大きなストレスとなることがあります。

本人が受診するようになれば、多くの場合診断に迷うことはありませんが、時には、ひきこもっている間は目立たなかった幻聴や妄想などの症状が受診後に顕在化することもあります。

事例①▼ひきこもっていた自室の窓から椅子を投げ落とす

25歳男性。高校生時代から時折短期間の不登校がみられましたが、高校は3年で卒業。大学に入学しましたが1年の秋から不登校。家族が尋ねても理由は不明確でした。その後大学を休学し、自宅にひきこもる生活となり退学。家族とはほとんど口をきかず、昼夜逆転の生活を続けています。

母親が保健所の「ひきこもり家族教室」に参加。その後母親のみが精神科医療機関に来院。母親は本人とのコミュニケーションがとれず、幻聴や妄想の存在は不明でした。しかし夜間にときどき本人が窓を開けて怒鳴っており、本人の部屋には壁一面に「やめろ!」「黙れ!」などの落書きがあるとのことで、統合失調症の可能性が考えられました。

家族はこの可能性については懐疑的でしたが、本人が窓から椅子を投げ落とす、という事件が発生。精神科病院への医療保護入院となりました。

投薬により症状は安定。退院後は入院していた病院のデイケアに通院しています。


事例②▼通勤電車でパニック発作を起こして……


30歳男性。高校を卒業して就職した数か月後、通勤電車の中でパニック発作を起こし、そのまま帰宅。以後、会社に出勤できなくなり、自宅にひきこもる生活を続けていました。

30歳になったことをきっかけに、本人自身が医療機関への相談を開始しました。周囲の目が気になり外出が難しく、当初はなかなか定期的な通院ができませんでした。

1年ほどの期間を経て、なんとか安定して個人面接に通えるようになったため、同じようにひきこもっている人たちのグループに参加するようになりました。

その頃から、被害妄想が目立つようになってきました。近所の人が自分の噂をしているのが自宅でも聞こえる、などの訴えから幻聴の存在も明らかになってきて統合失調症と診断され、抗精神病薬などによる治療が開始されました。

幸い抗精神病薬が奏効し症状は安定、短期間のアルバイトが可能な状態にまで改善しました。

(2) 気分障害

さまざまな要因により遷延化（長引くこと）したうつ病が、ひきこもりの要因となっていることがあります。抗うつ薬などによる薬物療法の効果が不十分なためにうつ状態が遷延化してひきこもりになる場合もありますが、うつが増悪すると受診することもできなくなって遷延化することもあります。うつが遷延化することによって環境との関係が変化し、うつ症状が軽快した後もひきこもり状態が続く場合もよく見られます。

事例▼仕事のストレスを契機に

30歳男性。大学までの生育歴、発達歴には特に問題がありません。大学卒業後不動産関係の会社に就職しましたが、仕事のストレスを契機として不眠、食欲低下、抑うつ気分、希死念慮などが出現するようになりました。

精神科クリニックを受診し、うつ病と診断。抗うつ薬、抗不安薬などによる治療が開始されました。治療により症状は軽快し、３か月の休業の後に職場復帰。しかし間もなくうつが再発し、退職に至りました。

その間に主治医との関係が悪化して定期的な通院治療ができなくなり、自宅にひきこもる生活となりました。十分な薬物療法はできませんでしたが、数年間ひきこもっているなかで、徐々にうつ症状は軽快。数度の家族相談の後、本人が受診できるようになりました。

(3) 強迫性障害

ひきこもっている例で、さまざまな強迫観念や強迫行為が見られることがあります。

強迫観念とは、自分でもつまらないとわかっていてもそのことが頭から離れないことです。強迫行為とは、わかってはいても何度も繰り返し確認してしまったりすることです。

強迫性障害は、薬物療法の対象となる疾患であり、本人が受診すれば抗うつ薬（特にＳＳＲＩ）などの投与により症状の軽快も期待できます。

強迫性障害以外でも、自閉症スペクトラム障害に強迫症状が見られることもあります。また、元来の強迫的なパーソナリティ傾向が、ひきこもっていることによって強調されていることもあり、こうした場合は薬物療法の効果が出にくいようです。

強迫症状はしばしば家族を巻き込み、家族が疲れ切ってしまうこともあり、家族への強力な支援が必要になる場合もあります。

事例▼いくら洗っても不潔感が消えない

38歳男性。本人が中学生のときに母親が死亡し、父親との二人暮らしとなりました。学校の成績は優秀でしたが、集団に馴染めず、いじめの標的となることも多かったとのことです。

大学卒業後、就職活動をすることなく自宅で興味のある分野の勉強を続けています。

何かをさわるたびに自分の手が不潔になったように感じ、何度も手を洗うのですが、いくら洗っても汚れているような感覚が消えません。そのため外出が困難となっていいます。父親が外出から帰宅した際も、すぐに衣服を着替えてシャワーを浴びるよう要求します。困り果てた父親が相談のため来所しました。

１年程は父親のみの来所が続きましたが、ようやく本人が受診するようになり、少量の抗うつ薬を服用しながら心理療法が受けられるようになりました。

(4) パニック障害

激しい動悸や呼吸困難感などの症状とともに、強い不安が突然生じるパニック発作と、同様の発作がまた起こるのではないかという予期不安のために、外出が怖くなりひきこもっている例があります。自宅では不安発作が生じず、安定した生活を送っていることもありますが、抗うつ薬（特にＳＳＲＩ）や抗不安薬による薬物療法が効果的なので、医療機関に受診する意味があります。

事例▼パニック発作が不安で外出できない

28歳女性。短大を卒業して会社勤務をしていましたが、通勤途中のバスの中でパニック発作が起こったことをきっかけに出勤できなくなり、退社しました。以後、自宅にひきこもる生活を続けています。自宅では、読書をしたり、インターネットのサイトを見たりする生活です。家族との会話にも問題はありませんが、またパニック発作が起こるのではないかという不安のため、外出はほとんどできません。母親が保健所に相談したところ、精神科医療機関を受診するようすすめられ、母親だけが受診しました。母親を通しての手紙によるやりとりが可能となり、しばらく母親の受診が続きました。その間に外出範囲が徐々に広がり、自宅近くのクリニックまでなんとか通えるようになりました。抗不安薬と抗うつ薬の投与が可能となり、徐々に症状が軽快して外出が可能となりました。

(5) 知的障害

軽度の知的障害がありながらその存在が見逃され、学校や職場におけるいじめや不適応などの問題からひきこもっている例があります。本人が受診した場合、ＷＡＩＳなどの知能検査で知能を評価することは、本人や家族の問題理解を助け、また目標設定に役立ちます。

事例▼本人も家族も障害認識がなく……

25歳男性。小学校、中学校ともに普通学級に通っていましたが、成績は最下位でした。クラスでのいじめをきっかけとして、中学校1年生の夏休み明けから不登校。以後自宅にひきこもる生活となりました。

ひきこもりと家庭内暴力を主訴として、両親が来院。数回の家族相談の後、本人が受診しました。精神遅滞の存在が疑われましたが、本人・家族ともその認識はなく、これまでに療育手帳も取得していません。知能検査の結果、軽度の知的障害が認められました。

しばらく個人面接を続けたうえで、精神科デイケアを処方。集団場面でのさまざまな問題から本人・家族の問題理解が進み、療育手帳を取得。福祉的就労につながりました。

(6) 発達障害

自閉症スペクトラム障害、注意欠如・多動性障害（ＡＤＨＤ）、学習障害などの発達障害がひきこもりの例に数多く存在するのは、これまでの多くの研究や報告で指摘されています。筆者自身がかかわった相談事例でも、全相談件数の３割程度に発達障害の診断をつけることができました。

しかし、これらの全ての例において発達障害と診断し告知することが、本人の支援に役立つとは限りません。できるだけ早期に診断して適切な支援につなげるのは発達障害の支援の常道ですが、ことひきこもりの場合は、必ずしもそうではないことに注意すべきです。

発達障害の診断によって、本人や家族の問題理解が深まり、家庭内での葛藤が低下する効果はしばしば見られます。その一方で、性急な告知により本人の両親に対する怒りの気持ち（「なぜもっと早く気づいてくれなかった！」など）が高まり、かえって葛藤が強まる場合もあります。

また、発達障害の診断名がつくことにより、社会参加の意欲が低下し、結果的にひきこもりが長期化することもあります。

当然のことですが、支援の方向性が定まったうえでの診断・告知が求められます。ひきこもりとは、本人・家族ともに「具体的な目標設定ができない（解決が見えない）」状態であり、支援の着地点が定まらない状態での診断・告知は、単なるレッテル貼りに終わる場合もあります。

診断・告知の意味としては、発達障害の特性が理解されることにより家庭内の葛藤が低下すること、その他に、障害者雇用や障害年金などの生活・就労支援につなげやすくなること、などがあります。

事例▼就職活動がうまくいかず……

28歳男性。言語の発達の遅れ、不器用さが目立ち、1歳半健診で自閉傾向を指摘されましたが、特別な支援を受けることはありませんでした。

小学校、中学校を通して友人はほとんどできず、成績もよくありませんでしたが、特にクラスで問題を起こすこともなく高校に進学。高校卒業後は大学に入学しました。大学を6年かけてようやく卒業しましたが、就職はできませんでした。

卒業後しばらくは就職活動をしていましたが、うまくいかず自宅にひきこもる生活となりました。

ひきこもりに加えて独語がある、との主訴で母親が来院。発達歴と心理テストにより自閉症スペクトラム障害と診断しました。

デイケアを経て精神障害者保健福祉手帳を取得し、障害者枠での雇用につながりました。

(7) パーソナリティ障害

ひきこもりと関連の強いパーソナリティ障害として、回避傾向の強い自己愛性パーソナリティ障害があります。他者の評価に過敏であり、過大評価している自己像が傷つくことを極端に恐れ、傷つく可能性のある状況から撤退してしまうことを特徴としたパーソナリティの傾向です。

ひきこもっている例では、パーソナリティ障害でありながら抑うつ気分が表面に現れる場合も多くあります。このような場合、安易にうつ病の診断名がついてしまうと、本人がその病名に安住してしまい、ひきこもりが長期化してしまうことがあるため、注意が必要です。

5 医療機関によるひきこもり支援

(1) 医療機関がかかわることの意味

ひきこもり問題を安易に医療の問題とすること、あるいは性急に精神医学的診断を下すことは、慎まなければなりません。

しかし、ひきこもりの例のなかに、精神科医療の枠組みを手段として用いることで、問題の解決が進む例が数多くあることも事実です。またひきこもっている例のかなり多くが、ひきこもりの専門的相談につながる前に、何らかの形で医療機関を受診していることも事実です（筆者の経験では約3割）。ひきこもり問題の支援は、多次元的・総合的に行わなければなりませんが、精神科医療機関が重要な位置を占めることは間違いのないところでしょう。

(2) 医療機関との連携

精神科医療機関がひきこもり問題の支援にかかわるには多くの課題があります。

①医師によってひきこもりの捉え方が異なる

ひきこもりに対しては、その全てに精神医学的診断が可能であるとする立場から、そもそも精神科医療の対象とすべきものではないという立場まで、さまざまな立場があります。

他のひきこもり支援機関が医療機関と連携する場合には、医師の立場を十分理解しておかなければなりません。

②本人が登場しない状況では、保険診療が困難

本人が登場しない場合は当然、本人を対象とした保険診療はできません。精神保健福祉センターや保健所などの精神保健相談を利用するなどの方法がありますが、それ以外の医療機関では個々の状況に応じて工夫が必要でしょう。

③治療契約を前提とした通常の精神療法が困難

ひきこもり問題を抱えている家族の多くは、問題の認識はあっても解決策がわかりません。ひきこもりの本人の多くは、問題の認識すら不安定である場合があります。

ひきこもりの支援は、解決よりもまず問題の共通理解から始めなければならず、通常の精神療法とは質の異なった困難さがあります。診療にあたる医師が、それぞれ工夫して乗り越えなくてはならない問題です。

いずれにせよ、ひきこもり問題にかかわるさまざまな資源（フォーマルあるいはインフォーマルな資源）の緊密な連携による総合的な支援が、ひきこもり支援の重大な課題です。

ひきこもり支援のネットワークにおいて、精神科医療機関は重要な位置を占めています。その重要性は、単にひきこもっている本人の抱える精神疾患を発見して治療することだけにあるのではありません。医療という枠組みをうまく利用することによって、さまざまな次元の支援に結びつけることも可能となります。

そのためには、医療の意味と限界を十分知っておくこと、他の資源との緊密な連携を心がけること、が何よりも重要です。

参考文献

厚生労働省「ひきこもりの評価・支援に関するガイドライン」平成22年

教育

②独り立ちの力——教育現場での支援の可能性

鎌田ユリ（私立高校元教師・現スクールソーシャルワーカー）

大学生の卒論の手助けをしたことがあります。登校拒否の割合を、滋賀県下の市町村ごとに比べてみるというものでした。その結果、都市部よりも郡部のほうが高い割合でした。これは長い間の教育相談での、3世代同居のところに多い、という印象と一致していました。

当事者と面談すると、普通の感覚をもつごく当たり前の生徒が多数です。なぜ学校に行けないのでしょう。気をつかって学校生活を送っていることが背景にあります。そして3世代同居の世帯には、気をつかえる子どもたちが多いことに思い当たりました。だから、学校はしんどいのです。

それならば、学校に行かないことは、一概に間違いとは言えません。そういう思いから、登校しなくてもいいのではないか、という考え方がスタンダードだと思いました。

登校しない自由がある。それは、確かに大事な考え方です。登校しないことは決して悪いことではない、という考え方が大勢を占めるようになってきました。そこから登校刺激はよくないということになり、登校刺激を躊躇するケースは多いようです。

学校現場にはしんどさがあります。しんどくなったら登校しなくてもいいのです。しかし、学校に来ないことのリスクはあります。学力がつかない、人間関係が学べない、卒業資格がないので進路がとれない、などです。もちろん、それらも学校以外で手に入れることが不可能ではありません。しかし、かなりの努力と時間を要するのも事実です。

学校に来られない気持ちは間違っていません。それならば来られる学校にすればいいのです。学校として、子どもにかける負荷、ストレスを減らす工夫は必要であり、課題です。しかし一方で、負荷を全てなくして教育はできるのでしょうか。友人関係をすべて問題がない状態にすることは可能でしょうか。それはかなり難しいでしょう。ではどうすればいいのでしょうか――。

しんどいときは休みながら、自分で必要な負荷を納得して努力できる環境にしていけば、学校に登校できるのではないでしょうか。学校現場で、子どもたちの力を信じて向き合った実践を報告します。

1　悩みの解決にはいろいろな方法がある

子どもたちはまだ10代です。経験が少ないのです。些細なことでも不安を抱えます。それを口に出せる子もいます。

いつも元気で大きな声をあげている一人の生徒が、手をひっぱって「事務所！」と言います。定期を買う証明書がほしい。そのためには事務所に行かなければならない。でも、どう言えばいいのか……。彼は多分こう考えて教師に救いを求めたようです。私がついて入って「何年何組の○○です。定期の証明書をください」と代わりに言って無事もらえました。2回目からは一人で行っていたようです。

そんな小さなことでも不安なのです。高校生になって背も高くなると、大人は彼らも、自分たちと同じ経験値をもっていると思いがちですが、外に出す言葉は偉そうでも、中身は小さな子どもです。だから学校をやめることに、本人が望んでいるから、意志だから、と安易にGOサインを出さないでほしいのです。もう一度可能性をさぐってほしい、と学校現場にお願いしたいのです。

(1) 弁当を面談室に来て食べる

ある先生のクラスの生徒が友人関係に悩み、登校しにくくなっていました。話してみると「教室にハムスターがいたらいいのに」と言いました。しばらくすると教室にハムスターのケージが置かれ、ハムスターがクラスメイトになりました。ケージごと入る袋をつくって土日休日はその生徒が持って帰り、その子は卒業することができました。

学校をやめて通信制高校に行きたいという生徒がいるので相談に乗ってほしい、と担任が連れて来ました。2年生になっていました。彼は通信制高校のパンフレットを持ち、「家族の承諾ももらっている」と言いました。

「なぜ、転校したいの？」

「友人がいない……。一人で弁当を食べるのがなんとなくつらい……」

ポツポツと話しました。つらかったのだと思います。泣いて話す彼は、新しい高校に行きたかったのです。そこに行けばいまと違う生活がある、と思っていました。

友達と話さなければいけなくてつらいのは、朝登校して授業が始まるまでの時間、休み時間、昼休み、移動教室に行く途中、体育の時間、実習の時間、さらに掃除の時間などが考えられます。

それをやり過ごす方法を会得している子どもたちもいます。図書館で昼休みを過ごしたり、なんとなくトイレに行ったり、一人でいることに気づかれないように過ごしています。ある親が教えてくれました。「子どもが、休み時間にはいつも本を読んでいます」と先生から言われ、本好きだなあと思っていたら、本人が「そうしていると一人ぼっちと思われない。いじめられないからだ」と卒業のときに言ったということでした。その気持ちを思うと泣けてきたそうです。

彼はそれで、もうここにいたくないと思って、通信制高校への転校を申し出て来たのです。

「ちょっとトライしてみない？　お弁当を面談室で食べてみない？　休み時間、友達といるのがしんどかったらここにおいで。まだ転校のタイムリミットは来ていないから、この提案で少しやってみて、やっぱり無理なら手続きをしよう」

私のこの提案を彼は受け入れました。毎日、誰もいない面談室に弁当を持って来て、一人で食べていました。ときどき話もしました。修学旅行に行きたくないと言います。

「修学旅行に行かなくても、高校は来てもいいいんだよ」

「そうなの？」

「そのリミットは○日だから、それまで考えよう」

結局、行かない選択になりました。担任と相談して、クラスメイトには伝えないことにしました。

そして、行くための班づくり、部屋割り、オプション選択、クラスの行程の企画などには参加すること、担任が部屋割りを工夫しておくことも含んで、彼は当日朝、病気のため参加できない、という形を取りました。クラスメイトたちは楽しい修学旅行を過ごし、参加できない彼に土産を買ってきました。

その頃から彼は少しずつ、教室で弁当を食べる日が出てきました。行ったり戻ったりしながら、やがてまったく面談室に来なくなりました。学年が進んで同じ仲間と3年生になりました。2年生とは打って変わって彼は、体育祭・文化祭に積極的にかかわり、クラスの合宿にも参加、希望の大学にも合格して、友人たちと卒業旅行に行ったようです。

通信制高校に変わることが悪い、と言っているのではありません。それがピッタリくる生徒もたくさんいます。しかし転校する前に、その悩みをここで解決する方法はないか、探ってみることも必要ではないでしょうか。そのとき、学校内での相談が不可欠なのは、状況や今後の行事、そのために必要なことがわかっての対応になるからです。柔軟に可能性をさぐってみれば、実は転校しなくてもいいかもしれません。

(2) モーニングコール

子どもたちは、自分のことだけではなくいろいろなことを背負っています。母親を病気で亡くし、一人で起きて登校していた彼女は遅刻が多く、出席時間が足りない科目が出てきそうでした。まだ携帯電話のない頃です。

父親は早くに家を出なければなりません。高校生だからできるだろう、という声もあります。しかし高校生です。起きられないことはあります。「遊びに行くときはちゃんと起きているから甘えている」とも言えますが、圧倒的多数の高校生は親に起こされて学校に来ています。だから、

「朝、モーニングコール必要？」

と聞いてみました。

「う～ん。どうようかな。じゃあ、とりあえず、うん」

毎朝電話をしました。本人の承諾と、それでも来られないかもしれないことを折り込んで、何人かの生徒にしてきました。最近はメールに変わってきました。毎朝メールしても遅刻、それも午後から、なんていう子がいました。

「ちっとも間に合わないね。メール意味がない？」

「メールを見て、待っていてくれる人がいると思うと、学校に行こうと思う。遅れても」

その後もメールは続いていきました。無事卒業にこぎつけ、大学に進学して、「勉強が楽しく、遅刻もしていない」と言ってきました。

高校時代は、どの子にとっても、勉強をまんべんなくやらなくてはなりません。出席もしなければなりません。友人関係にも気をつかわなければなりません。改めて大変だと思います。ときどき来たくなくなるのも無理はありません。でも、やめちゃわなくてもいいんじゃない、と思います。

(3) スモールステップ

高校生は大変です。なんといっても義務教育ではありませんから、出席もしなければならないし、試験で一定、点を取らなければなりません。先生は「遅刻したり欠席したりしたら留年だ」と脅します。「何点取らないと、これも留年」。教師は叱咤激励しているつもりなのです。

でも初めて高校生になった彼らは、ドキドキしてしまいます。なんとか高校生になったけれども、どうせ勉強できないから留年だと思っている、らしい生徒がいました。面談は受け付けません。相談なんかには来ません。だからこっちから、行事のときにそばに寄って行きました。

「進級したいんだよね？」

「どうせあかんのやろ？」

あ、進級したいのだ、と確信しました。

「40点ぐらいは取れない？」

「30点ではあかんの？」

「じゃあ、まず30点めざそう」

ここで折り合いをつけました。スモールステップです。具体的に、本人に届きそうな目標を示すのです。しかし簡単ではなく、担任の努力もすごいものでした。試験前に残しての勉強、親とタッグを組んでの提出物。提出物が苦手な子は多くいます。整理ができていないのです。絶対に出さないといけないと、机やロッカーの中、すべて出していっしょに提出物を揃えます。残って提出物をします。

そんななか、他の生徒の手前もあるから自分が面と向かっては言えないけれども、「進級したら来年も君を担任する、と伝えてください」と担任の申し出がありました。これは効きました。来年もあの先生が持ってくれる。その安心感が彼を支えました。彼の表情はだんだん柔らかくなり、周りも努力していることを認めるようになりました。卒業して専門学校に進学、資格を身につけました。

(4) 試験の対策

高校生にとって、勉強は友人関係に次いで気にかかることです。しかし、なかなか点数が取れない生徒がいます。そんな生徒へのサポートをしていると、試験の日程や範囲がちゃんと分かっていない様子が見えました。

支援の必要な生徒には、試験の日程表を作り、そこに範囲や提出物も書き込んでみました。先生たちは試験範囲や提出物を、文字化して教室掲示しています。しかし、整理が苦手の生徒は、そこで戦線離脱をしてしまうほどわかっていません。意識はしていないのですが、あきらめてしまうのです。そこをなんとかしなければなりません。担任が他の生徒の協力を得て、試験範囲・提出物の一覧表を作成していることもあります。これが必要なことを、高校の教師には知ってほしいと思います。

教師をしているとわかることですが、質問ができるのは、一定わかっているということです。本質がわかっていないと質問もできません。何を聞いたらいいのか、どう聞いたらいいのか……。ましてや先生に聞きに行くなんて、至難の業としか思えません。「いつでも質問においで」と腕を広げてもらっています。でもそれは本当に難しいことなのです。

教師は踏み込まなければなりません。質問に来られない生徒に寄って行って、わからないところを見つけなければいけないのかもしれません。それは全ての生徒に必要なわけではありません。数学の先生で、生徒一人ひとり、どの問題ができてどの問題ができていないかを一覧表にしている人がいました。全体としての理解を知るためだったようですが、一人ひとりのわからないところも浮き彫りにされていきました。

試験をどう扱うか。ランクをつけるためではなく、わからないところを見つけ、そこに対応するための試験になればいいと思いますが、現在の教育体制のもとでは難しい。けれども少しでもそれに迫れないでしょうか。質問して来ない生徒に向き合ってみたい、そっぽを向く生徒とたたかいたい、と思います。いっしょにわかろう、と。

(5) 進路を見つける

高校生活は決して、大学や専門学校のための通過点ではありません。そこで身につけてほしい生活力があります。学力もそうです。学力は決して入試のためではなく、生きる力になるものです。しかし、進学にしろ就職にしろ、卒業の次には進路をどうするかという問題がやってきます。

家族のことで気持ちが疲れ、なんとか学校に来ているだけの生徒がいました。ヤングケアラーといわれる存在です。その疲れは身体的ではなく、精神的でした。この状態を本人は訴えて来ません。ただ毎日を送っています。昼ご飯はいつもいつもパンを買っています。勉強も身が入らずなんとなくクリアしているだけなのです。

進学相談と称して近づき、大学のパンフレットを提示して「どんなことがしたい?」などと声をかけていきました。最初はうるさがって「どうせダメっスよ」なんて言っていましたが、2年生の終わり頃から興味を示し始めました。少しずつ「受験してみようかな」になり、「受験しよう」になり、「この大学を受けたい」に変わっていきました。

その変化は周りがびっくりするほどでした。やらされているのではなく、自分から勉強したいと思ったのですから、こんなに強いものはありません。学力はどんどん伸び、希望の大学に手が届くようになって合格しました。この気持ちをもつまで待つのは忍耐がいります。必ずそうなるとは限りません。しかし、声かけは大切でした。

先のスモールステップのように、不安定なまま受験を迎えた生徒には、合格可能な大学や短大をすすめています。意味がないわけではありません。新しいところで勉強の面白さに目覚め、さらに先をめざして大学院に進学し、研究職についている生徒もいます。どこで変化するかわかりません。

生徒たちに、いまできていないことはたくさんあるはずです。それなのに進路なんて……、という考え方もあります。しかしこれまで出会ったたくさんの生徒たちは、目標ができると変わっていきました。子どもたちのもつ情報は少ないものです。教師の役目はいろいろありますが、まだまだこんな方法もあると、その情報力を生かして提供していくことです。できないことで叱るのではなく、できることから先を見ていっしょに進む、一人ひとりに寄り添っていかなければならないと思います。

(6) 学力はあるけれど

中学時代に登校できず、適応指導教室に通っていた生徒がいました。この子からもいろいろなことを教えられました。勉強はできて試験の点は取れるけれども、授業を受けることがしんどい、ということがわかりました。

確かに、一対一に近い形で勉強をみてもらって理解するのと、たくさんの生徒のなかで先生の授業を聞き取り、ノートを取り、理解する授業は、なんとたくさんのことを要求しているのか、と思います。高校生ともなれば周りの視線も気になります。当てられたとき、間違ったらどうしようとか、もうすぐ当てられる、そのドキドキに疲れてしまいます。

「慣れるまで当てないでください。たとえ不自然でも」

教師たちの配慮は続けられました。もちろん他の生徒の不平はあったと思います。そこを、この生徒への攻撃にしない努力がされたと思います。締めつけないことです。どうしてもしんどくて休んだときには、どこまですすんだか連絡しました。それが不安だと教えてくれたからです。やがて、友人たちの支えもあって「もう当てられても大丈夫です」と言いに来るまでになって、彼は大学生になっていきました。

⑺ 進級・卒業できないとき

本人の意志がどんなに強くても、進級できないときはあります。なかなか登校できないとき、小さなスケジュール帳を買って生徒に持たせ、学校にシールを置いて、登校すると貼っていくという、保育園作戦を取ったこともあります。うまくいったこともありますが、できなかったときもあります。いずれにしろ、進級ができなかったとき、本人にきちんと情報を示して、安易に結論を出さないような努力が必要です。

留年してもう一度やりなおす選択をした生徒がいました。大人は、体操服や上靴の色の違いで目立つことを心配しましたが、幸い気の合う友人ができ、その友人も登校に苦しんでいたので、3年間同じクラスになるよう配慮したこともあり、お互いが支え合い、二人で卒業をめざして達成しました。

転校を選ぶこともあります。そんなとき、また行けなくなったらどうしよう、と親は不安になります。転校先の相談は必ずします。単位制や通信制とは何か、どうすればいいのか。本人にも親にも、学年制・単位制、全日制・通信制と対比するところをきちんと整理して説明し、選んでもらいます。

転校後も相談は可能であることを告げ、実際にそこからの進学の相談にも乗っています。3年生の最後に出席あるいは成績が足りないことが出てきたときも、常に懇意にしている通信制高校と相談して、残りの3か月での単位取得にこぎつけて、浪人せずに進学できた例もあります。

卒業、進級が危ないとき、高校卒業認定試験の受験をすすめることもあります。かつて「大検」と言われていたときは、全日制高校に在籍したままでは受験できず、5月に退学を選択しなければなりませんでした。しかし現在、全日制に在籍したまま、しかも5月だけでなく9月にも申し込みが可能になりました。3年生になっていれば、あと1科目合格すれば資格が取れます。保険のように取っておくと不思議に卒業にこぎつけることが多くありました。少し安心したからではないでしょうか。それを取ったから、卒業はできなかったけれども進学できた場合もあります。

(8) 卒業してからも

卒業して浪人すると、次の受験のために高校に来なくてはなりません。成績証明書や卒業証明書がいるからです。

ちっとも卒業証明書を取りに来ない卒業生がいました。友人から予備校にも来ていないと連絡がありました。こちらから連絡すると、受験への恐怖からなかなか受験校が決められないようでした。両親にも来校してもらって相談し、希望校ではないけれども受験することを許可してもらい、合格。4年間を過ごし、希望の地方公務員になって職務に励んでいます。

卒業して家にひきこもっている卒業生がいる、と元の担任が相談に来ました。いっしょに家庭訪問をしました。2回目からは一人で毎週訪問し、やがて学校での面談に切り替えて、外に出るサポートをしていきました。

予備校にはとても通えないので、退職教員に学業の支援を頼み、受験先を喧々諤々《けんけんがくがく》、怒鳴り合いながら決めていきました。プライドが高く合格しても妥協してくれず、保護者に入学手続きを完了してもらって3月末、「行ってみたい」と本人が言い、進学することができました。大学でも支援室の力を借りながら進級し、大学院にも進み、研究職についています。

希望の大学に入って1週間で登校できなくなった、と保護者が相談に来たことがありました。学校での面談を繰り返し、やがて退学。いっしょに希望の進路を探し、紆余曲折はあったけれども就職してがんばっています。

現在、行政も「ひきこもり」の対策に、高校および卒業後の支援に乗り出そうとしています。卒業してからも、元担任はかかわりやすい。協力を仰ぎたいと思っています。

2 独り立ちをサポート

在学している生徒たちは、自分のしんどさや躓《つまず》いていることを、なかなか把握できていません。もたもたして全体から遅れてしまうことも多々あるでしょう。

厳しさとは、それを怒鳴ることではありません。怒鳴っても、怒鳴られたということしか覚えていません。しなければならないことを本人に理解できるように指し示し、行動できるようにスモールステップを見せて、乗り越えさせることが厳しさではないでしょうか。逃げずに自分がしなければ何事も進まないことを、身をもって知ることです。

高校生でそれを経験し、困ったときにどうすればいいのかをちょっと学んで卒業していってほしいと思います。卒業した後も、困ったら先生に相談に行ける、そんな学校現場でありたいと思っています。それは甘やかしではなく、独り立ちさせるサポートです。

福祉

3 遠ざかる生活保護とその影響

松原美子（社会福祉士・主任介護支援専門員）

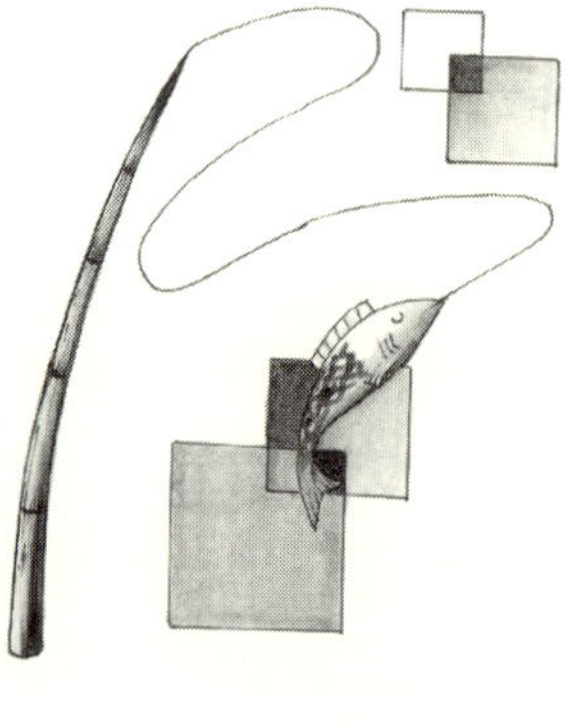

私はソーシャルワーカーとしてかれこれ30年近く、医療機関や介護老人保健施設などで、相談援助業務の仕事に就いてきました。２０００年に介護保険制度がスタートしてからは、ケアマネジャーとしての業務も加わりました。どんなときも心の奥底に留め置いていたことは、「相談対象者」の人たちの生活に共感し、いかにその人たちらしい人生を送っていただくかをともに考え合うことでした。支援の内容や方法、かかわった関係機関は十人十色、実にさまざまです。苦労や壁にぶち当たり、へこんでしまったことも数え切れません。

また、私もわが子がひきこもった経験のある当事者家族の一人です。直面したときは「なんでうちの子が」と思いました。いつかきっと自分の力で出てくるだろうとも思いましたが、時間はいたずらに、年単位で過ぎていきました。体が変形してしまわないかとか、社会で生きていく知恵も技術も身につかないのではないかなど、素朴で大きな不安の時期を過ごしましたが、いまではなんとか独り立ちしています。

今回はそんな思いも込めて、社会の常識のなかではほんの少し生きづらかったのだと思える、特に生活保護申請に絡んで印象に残ったケースを、いくつか振り返ってみます。

1 橋の下に住んでいたAさん

ソーシャルワーカーになって5年目くらいのこと、外来の看護師からケースの紹介を受けました。

「今日受診した方、どうもお風呂にも入っていないようだし、お金もないので薬はいらないと言って帰って行ったの。保険証も住所もなくて……。ただ、○○橋の下あたりに住んでいるとは言っていたので、様子を見に行ってもらえないかしら。先生としても、これから継続的な治療が必要だし、きちんと通院してほしいから」

まだ若かった私は、少しの不安を抱えながら○○橋の周辺を探しあぐねましたが、手作りの竹竿から糸を垂らして釣りをしているAさんと思しき人を見つけて声をかけました。

「Aさんですか？ Y病院の松原です。看護師さんや先生から聞いて、心配になって来てみたのですが、お体の具合はいかがですか？」

「おー、大丈夫さ。いま晩のおかずを仕入れているところだから、あんたもここに来て座ってな」

ついつい釣りのお付き合いをしてしまいましたが、そこで彼の生活史をたくさん聞けました。

かつては大きな会社に勤め、自宅も家庭もあったが、ある慢性疾患で体調を崩し、会社にも通えなくなった。ほどなくして会社はクビになり、奥さんと子どもは家を出て行ってしまった。当然ながら家賃を払えなくなり、アパートを出て友達の家を転々としたが、それも長くは続かず、行き着いたところがこの○○橋の下だった──、という話でした。

「ここは北風が吹きぬけて寒いんだよ。いまはまだいい季節だけどね」

少なくともすでに1年以上たっているようです。ブルーシートの囲いの中には古いラジオと携帯式ガスコンロ、毛布が2枚置いてありました。

「このままの生活でいいのですか？」

「まあ、できれば屋根のある生活に戻りたいよなあ」

そこですかさず、生活保護という制度があることを紹介しました。

「今日付けで申請してみましょう。治療費の心配などもなくなりますから」

と、話を進めました。初めのうちは「ここの暮らしにも慣れてきたし、お上の世話にはなりたくないからなあ」と渋っていましたが、「じゃあ、連絡だけでもしてもらうか」という話になりました。

そこから先はもう大至急でした。当時は携帯電話などありません。

「ここにいてくださいね！　どこにも行かないでね！」

病院に戻り、福祉事務所に一報を入れました。

「これからも治療が必要な方です。いまの手持ち金はありません。○○橋の下で定住しています。今日付けでの保護申請の意思を確認しました。面接に来ていただけますか？」

私もかなり必死の訴えをしたのでしょう、「15時頃にはそこに行くから、立ち会ってください」との返答。Aさんは「今日は釣れないよ」と言いながら、私たちの到着を待っていました。

その日付けで生活保護の申請は受理され、生活保護のケースワーカーとAさんといっしょに家探しを始めました。どうしても保証人が立てられなかったため、大家さんと交渉できる物件を探しました。礼金、敷金、前家賃等、必要な費用と最低限度の布団や電化製品は家具什器費として生活保護制度のなかから出ました。住むことができたアパートから病院にも通院し、1年余り元気で過ごせました。

しかし慢性疾患の悪化に勝てず、最後は病院で職員たちに看取られて静かに息を引き取りました。葬儀場に見送ったのは、私と初日に面接したケースワーカーの二人だけでした。

「久しぶりに布団の中で、ゆっくり寝られたよ〜」

「風がしのげるっていいねえ」

と明るく話してくれたAさんの笑顔がいまでも忘れられません。まだ「ホームレス」という言葉が世の中に浸透していない時代のことでした。

2 要介護5の奥さんとの二人暮らし

80歳代のBさんご夫婦は、奥さんが要介護5で寝たきりです。夜中に「おとーさーん、おとーさーん」と叫ぶため眠れない夜を過ごしていたBさんは、イライラが募ってついに奥さんに手を上げてしまいました。

「殴っちゃったよー」

泣きながら電話をかけてきたBさん宅に駆けつけると、左目の上が腫れ上がった奥さんがキョトンとした表情でベッドに横になっていました。そばでBさんが涙をためてオロオロしています。

「大丈夫ですよ。疲れただけですよ。少し離れて暮らしてみましょう。奥さんの面倒は専門家に任せましょう」

と話しかけました。その後、近所に住む息子さんも交えてBさんと何度も話し合いを重ね、奥さんはある施設に入所することが決まりました。

「もう、殴らなくてすむんだな。あのときはつらかったよ……。離れるのもつらいけどなあ」

と言いながら、細くなった首をガクンと下げました。ホッとしたのと、奥さんと離れることへの寂しさからでしょうか。そしてそれ以降、Bさんはあまり自宅から出なくなってしまいました。

それから数か月がたちました。訪ねるたびに、Bさんはいつも暗い部屋でポツンと座っています。ヘルパーやデイサービスをすすめても、

「いらないよ。一人でいたいよ」

と言うばかりです。それからまた数か月、あまり時間を空けずに自宅への訪問を続けていました。ある日のことです。

「おっかあの入所の費用と自分の生活費で、貯金が底をついちゃったんだよ。どうすればいいんだか……。早く二人で死んでしまいたいよ……」

と、切れ切れの声で話してくれました。

「そうだったんですか……。もっと早く話してくれればよかったのに……」

そこからまた、大至急の動きが始まります。息子さんと相談して、生活保護の申請を急ぎました。夫婦の年金額は生活保護基準を下回っていたので、思いのほか早く決定がおりました。自宅は「資産活用」として、そのまま住み続けることができましたし、手放す必要もありませんでした。もちろん

奥さんの入所費用も、生活保護で賄われました。

Bさんは少しずつ明るさを取り戻し、週2回のデイサービスに通いながら元気に過ごしました。

「今日は、おっかあのところに見舞いに行ってきたよ」

と笑顔で話せるまでになり、ホッとしたことを思い出します。

3 「この家が、なくなってしまうんですか?」

Cさんは、かつてピアニストでした。ライブハウスが町中に溢れていた頃は、一晩に3か所ほどかけ持ちでステージをこなしていたそうです。収入もよく、月収50万円は下らなかったそうです。

DVのため、夫とは早くに離婚していました。女手一つで一人息子を育ててきました。経済的にはまったく困りませんでしたが、

「まだ小さいわが子を楽屋に残して演奏しなければならず、とても心が痛んだ」

と振り返ります。息子さんはプロではありませんが、素晴らしいピアノの腕前ですから、母親の演奏する音をしっかりと聞いていたのだと思います。

時代とともにライブハウスは「カラオケ」にとって代わり、Cさんは演奏者から人に教える立場となって、自宅でピアノ教室を開くようになっていました。そこにはさまざまなピアノが4台あり、後述する理由で外に出ることのできなくなった息子さんは、そこでの演奏を生きがいにしていました。

教室のある自宅は7000万円で購入し、ごく最近の70歳になるまでローンを払い続けていました。ローンが終わって家が自分のものになり、ピアノ教室も軌道に乗り始めた矢先に、Cさんは交通事故

に遭ってしまいます。むち打ち症などの後遺症で、ピアノ教室も開けなくなってしまいました。ずっと自由業でしたから当然、国民年金です。収入は途絶え、月額6万円に満たない年金額だけになってしまいました。本来なら40歳に達している息子さんが働いて、高齢になった母親の面倒をみている（経済的にも精神的にも）と思われるところですが、彼は度重なる受験の失敗で心を病んでしまい、対人関係が上手く取れなくなっていたのでした。結局、志望校以外の大学に進学して卒業したものの、就職しても長続きせず、当時は無職でした。

持ち家で家賃の心配はないといえ、月額6万円の年金だけでは安心して生活できるはずもありません。Cさんはさまざまなストレスからか、胃腸炎と原因不明の皮膚疾患に悩まされ、通院を余儀なくされていましたが、「治療費が払えない」からと通院の足も遠のいていました。

「きちんと病院に通って、元気になりたい」

そんな思いで、私のいる相談室を自ら訪ねて来ました。何度かの面接を繰り返し、最終的に生活保護申請をするという結論に至りました。ようやくCさんが納得してくれたのです。

次の日、窓口に電話をした上で、70歳代の後半にさしかかるCさんと福祉事務所に出かけました。

「手持ち金はいま7000円です。預貯金はありません。通院が必要です」

と訴えましたが、面接を終了するまでに6時間以上もかかりしました。「働き盛りの年齢に達している息子さんはなぜ働けないのか？」「別れた夫には支援してもらえないのか？」「助けてくれる親戚はいないのか？」などと聞かれていたからです。折りしも、ある芸能人の母親が生活保護を受給していたとは何事か、というニュースで世間が沸き立っている頃でした。そして結論は次のようなものでした。

「持ち家ですから、リバースモゲージ*の対象になります。まずは、そちらをご活用ください。担当者から連絡が行きますから。ただし、リバースモゲージが決定するまでには時間がかかりますから、現状では一度生活保護の申請を受理する方向で会議にかけます」

私たち二人は、生活保護が開始されることにまずはホッとしながらも、長い「取り調べ」のようなやり取りに疲れ果てて福祉事務所を後にしました。それから数日後に、県の社会福祉協議会の職員とそこから委託を受けた不動産業者が、Cさん宅の査定に訪れました。そこで提示された不動産評価額はなんと600万円でした。Cさんの落胆ぶりは説明するまでもありません。

自宅はCさん名義ですから、Cさんが亡くなるまでは息子さんもこの家に住み続けられますが、Cさん亡き後は引っ越さなければなりません。その時点でまだ生活保護を受給していれば、引っ越し費用やアパートを借りるお金は（今後さらなる制度の改悪がない限り）生活保護が保証してくれます。

問題は、大好きだったピアノが弾ける環境にはならないだろうということです。彼の生きがいはどこで生かされることになるのでしょうか。評価額600万円の7割は、すぐに終わりの時を迎えるでしょう。Cさんが息子さんより後になくなるとは考えにくい年齢です。

先述のBさんの事例では、自宅そのものを「資産活用」できました。リバースモゲージが導入された2007年より前に制度を戻してほしいと切実に感じ、Cさんとともに涙を流してしまったことを、昨日のことのように思い出します。

＊リバースモゲージ＝2007（平成19）年度から政府が実施した不動産担保型生活資金のこと。生活保護を申請する場合はまず家などを売却して「資産活用」することが位置づけられた。事業は各都道府県単位の社会福祉協議会が担っている。背景に、増え続ける生活保護費を少しでも減らしたい、親の面倒を見ないで生活保護を受給させ、親が亡くなった後にその財産を相続だけすることをやめさせたい、という目的があるようだ。

この制度の対象者は、「借り入れ申し込み者」＝不動産の名義人とその配偶者が65歳以上の場合。不動産評価額の約7割を借り入れることができる。ただし一時金としてではなく、生活保護基準の1・5倍程度の金額が月々支払われる。そして、借り受け額に達したときに生活保護にスライドすることになる。生活保護基準の1・5倍なのは、生活保護では免除される各種公的保険料相当分の他、医療費や介護費用の自己負担相当分が上乗せされるから。

生活保護にスライドした後も、借り入れ申込者やその配偶者が存命中は自宅に住み続けられる。申込者が亡くなったとき、社会福祉協議会がその不動産を売却して得た収入で借りていた金額を返却する、という仕組み。

4 「体調が悪くて働けないんです!」

Dさんは42歳の男性です。ある日Dさんから「体調が悪くて動けないんです」と電話がかかってきました。電話番号は知人が教えてくれたとのことでした。

私のいまの勤務先では「無料低額診療事業」を行っているため、稀にこのような電話がかかってきます。「無料低額診療事業」とは、低所得者などに医療機関が無料または低額な料金で診療を行う事業です。厚生労働省は、「低所得者」「要保護者」「ホームレス」「DV被害者」「人身取引被害者」などの生計困難者が無料低額診療の対象と説明しています。事業を行うには各都道府県への届け出が必要で、対象者や減免などの基準は各医療機関によってまちまちです。また、それほど多くの医療機関が届け出を行っているわけではありません。

今回の電話も「医療費だけでも安くなれば、病院にだけはかかれるのではないか」との、切実な思いでかかってきたものでした。けれども話を聞いていくうちに、医療費だけの問題ではないという壁に、すぐに突き当たりました。頭痛や吐き気、目まいなどさまざまな症状で仕事ができなくなり、無収入の状態が半年以上も続いていました。もちろん預貯金もなく、いまは知人のところに身を寄せているということでした。自分の携帯電話もなく、連絡方法は知人の携帯電話に頼るほかありません。故郷の両親ともしばらく連絡を取っておらず、もし取れたとしてもすでに高齢で少ない年金暮らしのため、とても頼るわけにはいかないと言います。

来院の上、受診と合わせてきちんと話を聞きたいと伝えたところ、電車賃もないとのことです。

「無料定額診療は、保険診療分の医療費が全額か一部免除されるだけです。あなたの現状では手持ち金もなく、住宅や生活費の確保など生活全般の立てなおしが必要でしょうから、すぐに福祉事務所に相談に行かれたほうがよいでしょう」

とアドバイスしました。

「福祉事務所までなら歩いて行ける距離なので、今日中に行ってきます」

と、少し明るい声が返ってきました。

次の日の昼過ぎに報告の電話が入りました。とりあえず制度の説明を受けたものの、仕事ができるようになるまで社会福祉協議会で生活福祉資金などのつなぎ資金を貸してくれるから、「そちらに相談してみてはどうか」と言われたそうです。

私には、どう考えても納得がいきませんでした。現に手持ち金も住む家もなく、体調が悪いが治療費もないため病院に行けないと言っている人が、自力で何とか福祉事務所まで出向いたのに、なぜその場で、まずは生活保護の申請が受理されなかったのか……。私はすぐにでも福祉事務所に同行したいと思いましたが、勤務病院の患者でもなく、また日程調整がつかなかったこともあり、本人の同意を得て、知り合いの市議会議員に申請同行をお願いしました。

その日のうちに申請は受理され、受診先の病院も紹介されたといいます。ただし住まいだけは、「ここで生活を立てなおす目処が立ったら、アパートを探すように」と、本人の意思は確認されないまま無料低額宿泊所を紹介され、いまでもそこに住まわされているようです。

無料低額宿泊所は社会福祉法第2条3項に位置づけられていますが、生活保護受給が前提となっている施設がほとんどのようです。利用料（家賃）は、規模・設備にかかわらず、住宅扶助の上限額が当たり前のようになっています。六畳一間のアパートをベニヤ板で3部屋に仕切り3人を住まわせているとか、生活扶助費を「食費・共益費」などという形でピンハネしているなど、貧困ビジネスの一環としてあまりいい噂を聞いたことがありません（良心的なところもあるのかもしれませんが）。彼がどのようなところに住まわされているのか一抹の不安がよぎります。

それでもこのタイミングで生活保護が受給できてよかったのは、受給後福祉事務所のすすめで受診した病院で、手術をしなければならないような疾病がすぐに発見されたことです。1か月以上入院しなければならなかったようですが、その際の治療費（保険診療分）については、安心して過ごすことができたと電話で報告を聞きました。電話相談でのかかわりだけでしたが、とてもホッとしたものです。

ただ、Dさんの住まいと暮らしの先行きには多くの不安が残るケースとなりました。

5　暮らしから遠のいていく生活保護

改めてケースを振り返ってみて、生活保護制度が憲法25条の本筋からどんどん遠ざかっているような気がしてなりません。これは、実践の積み重ねのなかで感じる強い実感です。

生活保護法には、三つの原理があります。

一つ目は「無差別平等の原理」です。これは、生活保護を受けるための要件を満たせば無差別平等に生活保護を受けることができるもので、生活困窮に陥った理由を問われるものではありません。

二つ目は「最低生活保障の原理」です。生活保護法における最低限度の生活は「健康で文化的な生活水準を守る」というもので、これは憲法25条の規定を踏まえたものです。

三つ目は「補足性の原理」です。生活保護を受けるためには、利用できる資産、能力、その他あらゆるもの（他法も含め）を活用しなければならないとなっています。また扶養義務者による扶養は、生活保護法に優先して行うとされています。

かつては、社会保障制度としての「セイフティーネットの最後の砦」として、「無差別平等の原理」や「最低生活保障の原理」が大切にされてきたように思います。ところが近年では「補足性の原理」ばかりが強調されて、勇気を奮って生活保護申請の窓口まで行っても、その場で追い返されるようなことが横行しているのではないでしょうか。

いま私が最も危惧しているのは「生活困窮者自立支援制度*」です。現場では、生活保護の申請に行った65歳未満の稼働年齢層に対しては、その場で相談に乗るのではなく、各市町村で行っている「生活困窮者自立支援事業」の一環である「相談事業の窓口」をまず紹介するのが当たり前になってきています。Dさんのケースも、この制度が動き始めてからのものでした。この制度が、決して生活保護制度の「水際作戦」に活用されることなく健全に運用されることを願ってやみません。

＊生活困窮者自立支援制度＝生活困窮者自立支援法にもとづく支援制度。２０１５（平成27）年４月から実施されている。制度の背景に、近年の生活保護受給者の急増がある。なかでも特に「その他世帯」（高齢者でもなく母子家庭でもなく、明らかな障害・傷病世帯でもない世帯で、19歳以上65歳未満の人たちをさす）に焦点が当てられ、概要は次のような内容になっている。

①住居確保給付金（離職後２年以内の65歳未満の方で、住い〈賃借〉を喪失するか、喪失のおそれのある方に、就職の支援とともに、３か月延長が可能）

②自立相談支援事業（就労その他の自立に関する相談支援、事業利用のためのプラン作成などを実施）

③就労準備支援事業（いわゆる中間的就労＝就労に必要な訓練を日常生活自立、社会生活自立段階から有期で実施）

④一時生活支援事業（住居のない生活困窮者に対して一定期間宿泊場所〈シェルター含む〉や衣食の提供などを実施）

⑤家計相談支援事業（家計に関する相談、家計管理に関する指導、貸付のあっせんなどを実施）

⑥学習支援事業その他生活困窮者の自立の促進に必要な事業（生活困窮家庭の子どもへの学習支援事業その他生活困窮者の自立の促進に必要な事業を実施）

（厚生労働省ホームページ http://www.mhlw.go.jp/stf/seisakunitsuite/bunya/0000059425.html 参照）

（参考）働く貧困層

「２０１３年に民間企業で働いた労働者のうち年収２００万円以下のワーキングプア（働く貧困層）が１１００万人を超えたことが国税庁の民間給与実態統計調査（26日発表）でわかりました。１１１９万９０００人でした。

安倍晋三内閣発足１年で30万人増えました。また、このうち年収１００万円以下の労働者は４２１万５０００人です。

年収２００万円以下の層が１０００万人を超えるのは８年連続。15年前の１９９８年と比べると１・４倍の増加です。全体に占める比率は24・１％。98年の17・５％から大幅に高まっています」

（「しんぶん赤旗」２０１４年９月30日付）

雇用・就労

④ 知らずに雇用した経験から

上田浩史（ウエダ食品株式会社代表取締役）

私の会社は海産物問屋です。従業員は30名弱。先代の頃から健常者だけでなく、知的障害がある人たちも雇用しています。これまでに、ひきこもりと呼ばれる人たちを数名雇用する機会がありました。ひきこもりの知識が少ないなかでの雇用でもあり、決して成功したとは思っていません。私もずっと勉強でした。短い経験でしたが、そのなかで思ったことをまとめてみます。

1　職を提供するだけでよいと思っていたが……

初めてひきこもりと呼ばれる人を雇ったのがAさんでした。私らには何の経験もなく、テレビドラマで勝手につくり上げたイメージしかない状態でした。

ひきこもりの人は家で何もせずブラブラするくらいなので、何かできればいいのだろう、と何も考えていませんでした。他の人と同じように職を提供すればよいのだろうと軽く考えていました。もちろん普通の結果を求め、特別な考慮はしませんでした。いまでは、少しですが数名の経験ができたので以前よりも理解ができるようになりました。でも、当時は何の配慮もしていませんでした。ミスをしても大目に見る程度でしょうか。

後になって分かったことですが、ひきこもる人は何らかのことが心のなかに大きくあり、単純な作業をしに来るだけでも相当なプレッシャーだったと思います。狭い世界のなかで生きていたので、外部には大きな不安を感じていたと思います。

Aさんに与えた仕事も、何でもない普通のノルマだと思います。しかし、家から出ること、職に就くこともつらい彼には、すごい負担だっただろうと、いまでは後悔しています。

その人の長所と短所を上手く聞き出し、その人に合った作業をしてもらうべきでした。そして簡単な目標を設け、少しずつ、雰囲気と仕事、社会に慣れていけるような計画をつくるべきだったと思います。その計画も柔軟な形にすれば、よりよい結果が出やすくなります。

結局彼は、短期間で退職しました。その後、別のところに就職して6年になると聞いています。慣れない私らが原因で彼にはつらい思いをさせましたが、家を出るきっかけとなったのでしょうか。

ひきこもっている人はとりあえず一歩出て外を見てください。一人で想像しても現実社会は違います。仕事が短期になっても「経験」という人生に必要な物が残ります。それがよくても悪くても人間は経験がないと正しい判断はできません。よくない結果であったとしても、それが次につながります。

2　長い空白期間の克服に必要なのは……

二人目は意識してひきこもりの人を雇ったわけではなく、求人を見て来たBさんがたまたまひきこもりの人でした。辞めた従業員の補填としてのアルバイト募集でした。彼は当時34歳でしたが社会経験はなく、15年近く自宅で何もせずに生活していて、自分自身で「このままではダメだ」と感じて自主的にやって来た、ということでした。

会社としての希望を軽く伝え、彼の話も聞くと近所の人と分かり、雑談のような面接になりました。彼の持って来た履歴書には、年齢と職歴に大きなギャップがあり説明を求めましたが、その時点で十分な返事はありませんでした。

やや不審に思いましたが、近所でもあり話を続けました。そのなかで「知的障害者が多い会社なので、彼らと上手くいかないと辞めてもらうことになる場合があるから理解してほしい」と伝えました。すると「問題はないけども、私もひきこもりです」と彼自身が言いました。それで、履歴書の不明点も理解できて、彼のためにとアルバイトに雇うことを決めました。

もし、彼がひきこもりだったと言わなければ、雇わなかったと思います。私には、彼が正直に話したことが雇う決め手の一つになりました。それを伝えることは、将来の問題の回避にもなると思います。言わずに入っても、すぐに辞めることになるだけです。

彼の話では、大学の頃に人間関係に悩み、他からのプレッシャーもあって、ひきこもりになったそうです。人間的には、素直、正直、嘘はつけない、がんばり屋、そして学歴が高い、とよい素質をもっています。ただ、15年弱を家で過ごし、社会的な知識や頭を使わなかった分だけ、ハンディキャップを背負っていました。10年以上の空白は大きいものです。しかしこれらは、経験を積むことで克服できるだろうと考えています。

二人目なので、Aさんのときよりも知識はつけましたが、彼を助けるという意味ではまた失敗だったかと、いまは思っています。彼は大学を中退していますが、頭がよいと言われる高校を卒業していて、難しいことも知っています。ただ、私がそれを鵜呑みにしてしまい、不用意に期待をかけ混乱させてしまいました。彼は強い信念で耐え続けていました。これは私らが協力したわけではなく、彼の忍耐と努力です。

しかし、10年以上の大きな空白を短時間で克服するのは無理。小学生でもできそうなことで彼にできなかったことが複数ありました。私の勝手な判断ですが、いろいろな意味での「経験」が少ないのだろうと思います。すぐに結果を求めず長期的に対応すると、彼にも会社にもプラスになると思います。

彼はもっと長時間、毎日働きたいと希望しましたが、当時のままだと彼が一生成長できないと思い、その時点では断りました。まだ仕事が任せられる状態でもなく、彼にとっても私の会社は求めた答えではなかったからです。

それは、「この会社での仕事が面白いか?」と尋ねたとき、「それほど楽しいとは思えない」と答えたからです。腹は立ちませんでしたが、本当に世の中のことを知らないのだと思いました。それに彼も、仕事というものが何か分かっていないのですから、正直な回答だと思います。

楽しくなければ長続きするはずがなく、ずっと不満をもち続けた人生になります。労働時間が長く感じられて、疲労も溜まり、効率も上がりません。そして周りの従業員にもよい影響は与えません。

そこで彼には「いろいろな経験を積んで、それで私の会社を判断してほしい。他の会社で兼業するのも構わない。趣味、資格、復学、ボランティアでもいいから経験を積んでほしい」とすすめました。

当事者は職業的な経験だけでなく、いろいろな経験を積むことが大事です。現在彼は、別の派遣会社に勤めて3年になるそうです。

Cさんは、F先生の紹介です。就労について、私の会社で試すことになりました。当時20歳すぎ。その時点ですでに、他の大型チェーン店でのアルバイト経験がありました。ひきこもり状態から抜け出そうとがんばり、すでに一歩は踏み出していました。

私は経営者として、生産性を求めるより、社会奉仕の気持ちで彼を受け入れることに決めました。ここで注意したいのは、社長が認めても従業員が理解できたとは限らないことです。もちろん説明はしていますが受け止め方は人それぞれで、時間が経過するにつれて違いが生じてくるのが現実です。

従業員に彼の印象を聞くと、気にしすぎの影響か、仕事は遅かったそうです。一方で、人のことが気になる性格なので、調子がよいときはいろいろと気がつくタイプだとの意見もありました。

最初は短い労働時間でしたが、日数を増やしたり、時間を長めに取ったりと徐々に変えて行きました。ものが食べられないため仕事は昼までにしていましたが、出社時間を早めて時間を延ばしました。彼自身も食事は必要と感じていたようで、通勤途中にコンビニに立ち寄るなどして、少しでも食べられるよう訓練していたそうです。

日がたつと、大勢の人たちとの食事は無理でも、近くの公園などで食事ができるようになってきました。これで3時間以上の就労が可能になり、途中で非正規雇用から正規雇用に変更しました。

しかし、これが精神的な負担になってはダメだと思い、時給換算すると同じ金額になるようにして、彼には「正規雇用になっても金額ベースで考えると同じだから、負担に感じないで」と伝えました。そのときの彼の希望は交通費だったので、その分は会社で負担し、社会保険や年金に加入しました。もちろん給料が安いのも分かっていたので、「気持ちが落ち着いたら給料を上げるから」との約束もしました。

他人が苦手だとも聞いていましたが、他のパート従業員とも話すようにもなり、よい感じになりました。何も知らない従業員から、ひきこもる人に関して一般的な否定的意見を聞くことはありましたが、彼に関してそんなことは聞かれず、仲よくしていたように思えます。仕事が終わり、タイムカードも押していつでも帰れる状態になっても、他のパート従業員と長い間喋っていたので、うまく溶け込んでいっていたと思います。私も、いつ給料を上げる話をしようかと思っていました。

ある日気がつくと、大勢がいる場所でものを食べていたことがあり、食事についてかなりの改善がありました。一番驚いたのは節分のときです。私の会社では節分に、丸かぶり用の巻きずしを全従業員に配ります。彼がどうするかと遠くから見ていると、普通に大きな巻きずしを食べ始めました。

「もう外でも普通に食べられるか？」

回答はいつも「いいえ」でした。まだ何か心に引っかかることがあるのか、単に変化を口に出して言えないのか、意識的に食べられないと言わないだけなのか、私には分かりません。しかし家族の話でも、外食ができるようになったということでしたから、食事に関してはかなり改善したのでしょう。

よい感じに思えていましたが、最後が来てしまいました。時間もたち、仕事に慣れてくると、知らぬ間に彼にいろいろと求めてしまっていたのでしょうか。上司にあたる人は、少々物足りなさを感じたのかもしれません。それとも、入社したときの気持ちが薄れたのでしょうか。

3 ひきこもっていた人の雇用のために

(1) 雇う側にも情報やサポートを

振り返って痛感するのはやはり、ひきこもりと言われる人たちを雇用するのは簡単なことではなく、職を提供するだけでは無理だということです。特に、雇う側に情報が少なくサポートもないことが、大きな壁だと思います。

二人目のBさんが来たとき、よりよい環境にしたいと考え、支援団体の人たちに手引書やパンフレットの類がないかと問い合わせました。しかし、当事者や関係者向けにはいろいろとあるようですが、事業所向けにはほとんど存在しません。取り組みそのものが手探りで支援団体でも試行錯誤が続くなか、マニュアル化されたものがなくても無理はありませんが、事情がよくわからない当時の私たちには不思議でした。

事業所が相談できるところがあれば、もっと雇用の道が広がるのではないかと思います。そうすれば、経験がなくても予備知識が備わり、雇い入れた後の問題を減らすことができるのではないでしょうか。

またサポートする人が本人の客観的な現状を事業所に適切に知らせると、よりスムーズに進むと思います。最初に面接があるはずですから、当事者の説明は客観的に伝えてください。症状、性格、現在の状況、ひきこもりの原因などが少しでも分かれば、雇用する側も負担が少なく、よりよい結果につながると思います。

働いてからも、支援者や家族からの情報提供、話し合い、サポートが必要となります。事業所では複数の人が働いているので、誰もが全てを分かっているわけではありません。何かあれば連絡を密にする必要があります。知識を共有することで多くの問題を回避できると思います。

何らかの障害を併発しているケースもあると思います。障害を受け入れて理解しなければ、対応も理解できませんし、本人もつらいものです。どのような障害なのか、どう対応するのかを事業所に伝えなければ、適切に受け入れられません。理解が不足していると本人が苦しいだけで、自宅から外に出られたとしても、また元に戻ってしまうこともあり得ると思います。

⑵ 到達目標を明確に

仕事に就くときは、何を目標にしているのかを明確にしておくことが大事だと思います。

・家から出ることができたら終わりなのか
・社内でのコミュニケーションはどこまで取るのか
・慣れてきたら多くの仕事を求めてよいのか
・責任をもたせてもよいのか

これらを明確にしないと、事業所と本人の間にギャップが生まれ、それが双方の負担になります。

そして仕事に慣れてきたら、世間との「ゆがみ」にどう対応するのかを考える必要があると思います。仕事ができるようになると次の段階を求めるのが普通ですが、考えに違いがあると新たな問題が生じかねません。

(3) 期間はまず6か月が目安

情報を求めるなかで、光が見えた言葉がありました。それは「6か月間家から出れば、多くの人は変わる」でした。6か月の就労は、少なくとも大きなステップに間違いはないでしょう。私らのような小さな事業所としてもこれは大きな目安となり、精神的な負担が減ります。もちろん本人も不安が減ります。不安感が強ければ、2か月などより短期にすることでストレスも減るようです。

1回の労働時間も初めから8時間とせず、半日や短時間から始めることでもストレス軽減になると感じました。ただし、あまりにも短いとそれを不安に感じる人もいますから、本人の希望で選択できるとよいでしょう。労働時間だけでなく労働日数にも言えると思います。もちろん、本人や会社側にもメリットがあると思えば、契約変更で長期的な契約や終身雇用も選択肢になると思います。

初めから急がず、適切な選択肢を提示することが、本人の能力を発揮しやすい環境になると思います。相談先もなくアドバイスも受けられないときは、「目標6か月、週に1、2回、数時間でも」と、お互いに負担が少ない状況から始めるのがよいと思います。

(4) 従業員にも説明が必要

私の会社は一人でする仕事ではありませんから、他の従業員といっしょに働くことになります。その人たちも同じように予備知識はありません。早い段階から情報や知識を共有すべきです。そして、結果は早急には求めずミスも許すと明確に伝えたほうが、彼らも判断が楽になると思います。元ひきこもりといっても、働き始めるとやはり結果を求めてしまうからです。

(5) 社会的常識をめぐる課題

ひきこもっていた人の弱点は複数ありますが、最も大きな問題は社会的常識の違いです。労働時間の多少は大きな問題ではなく、考え方の違いがいっしょに働く者を混乱させたと思います。そして本人も、ストレスの元になっています。

社会から孤立した世界で、きわめて狭い人間関係と行動範囲で生活してきたことが、社会に出てから問題になるのだと思います。ひきこもっていたからとの理由は、社会に出れば通じません。困難にぶつかったときや、他の人から注意を受けたときも、対処ができなかったように思えます。

多くの場合、ひきこもっていた人は家族や関係者から特別扱いをされていたと思います。そのため、仕事内容を気分で選んで、嫌なことや面倒だと思える仕事を避けていた、と現場から報告を受けています。嫌なことでも進んで行うような考えをもってほしいと思います。

人によって違いますが、ひきこもっている間に守られていた人は、否定されることに過敏です。仕事をしていれば誰でもミスをしますし、場合によっては注意されることも叱咤されることもあるでしょう。過剰に守られてきた人は、この点で極端に弱い印象があります。

そんなことは社会に出れば普通のことで、萎縮するものではなく勉強するものだと考えられるようになれば大きく前進します。なかには、ひきこもっていた間に家族から常に批判を受けていた人もいたと思います。批判の内容にかかわらず、そのような人は注意されることに強かった印象があります。

これから雇用しようと考える事業所は、ひきこもり中の家族や周囲の人たちの対応について確認しておくのもよいと思います。

創造活動

⑤人形劇を通して社会へのきっかけをつかんだ修二くん

南　寿樹（日本人形劇とセラピー協会）

私が地元（豊明市）で主宰している人形劇団「ポップコーン」の練習日。

「おはようございます」

照れたような笑顔で修二くん（16歳）が挨拶してきました。

「やあ、おはよう。あれ？　お母さんといっしょじゃないの？」

「はい。用事があるというので一人で来ました」

さも当然のように、きっぱりと言う姿が頼もしい。3か月前に初めて会ったときとは別人のようです。お母さんの後ろに隠れるようにしていました。ときどき愛想笑いはするものの、顔は引きつり、一言もしゃべることがなかったからです。

今日も、車でも15分はかかる道のりを自転車で40分かけて来たといいます――。人形劇を通して大きく変わったこの修二くんのことを紹介します。

1 中学から不登校とひきこもり

修二くんは、中学校1年生の2学期から不登校になり、卒業しても約半年ほどそのままひきこもり状態が続いていました。悩んだお母さんが相談したのが、遠藤久美先生でした。私といっしょに人形劇団「ポップコーン」の世話人をしていて、修二くんが通っていた中学校の特別支援学級の先生です。とても面倒見がよく、地域での施設づくり運動や自主的な学習活動にもかかわっています。

その遠藤先生から次のように聞きました。

「うちの学校に、ずっと学校に来なくて家にひきこもっている子がいるんだけど、今度人形劇に誘っていいかな？　私のクラスではないんだけれど、お母さんもどうしたらいいか悩んでみえて。何とかしてあげたいんだけど……」

もちろん私は快諾しました。人形劇団「ポップコーン」そのものが、多様なニーズをもつ子どもたちによって成り立っていたからです。一人でも仲間が増えるのは大歓迎です。

お母さんが言います。

「小学生のときはまだなんとか勉強についていけたのですが、中学生になってから急についていけなくなりました。遠藤先生からは特別支援学級をすすめられたのですが、障害があるわけでもなく本人も抵抗を示して、結局は学校に行かなくなっちゃったのです。とにかく、人前でしゃべれないのです。体を動かすことが好きで、外で運動もしたいはずなのですが、家から出られないのです」

そんな修二くんを、遠藤先生が誘いました。

「学校と違って、人形劇の活動は縛りもなく、自由で楽しいから、一度来てみるといいわよ。車いすの子もいるから修二くんだったら、いろいろ手伝ってくれそうだし。なんだか修二くんにも合っている気がする。ダメモトで来てみたら？　ずっと家にいるとお母さんも行き詰まっちゃうでしょ？　おいでよ」

修二くんも「遠藤先生がいるなら」と、お母さんに連れられてやって来ました。

2　障害者の人形劇団「ポップコーン」

人形劇団「ポップコーン」が結成される前に、私は二つの人形劇団を創設していました。「フレッシュ」（1992年）と「紙風船」（1996年）です。どちらも愛知県立港養護学校（現在の愛知県立港特別支援学校）の肢体不自由障害の生徒とその保護者、およびボランティアからなる劇団でした。生徒たちの卒業後も活動を続けていました。かつてNHKの人形制作を担当していた人形美術家のおばらしげる氏が、重度障害がある生徒の機能に合わせて、からくりで動く人形制作を手伝ってくれていました。

「指先が2～3センチしか動かせないと見るのではなく、2～3センチ動かせると見よう」

と言うおばら氏が制作する人形は愛くるしく、生徒たちは全員が表現の主体者となって生きいきと演じていました。その作品は見る人をほのぼのとした気持ちにさせ、元気づけるということで公演依頼も多く、県内外だけでなく2000年にはフランスの国際人形劇フェスティバルにも招待されるなど、活発に活動していました。

そんな折、人形劇団「紙風船」が豊明市で公演することがありました。私の地元ということで、全国障害者問題研究会の豊明サークルのメンバーや豊明おやこ劇場という団体の知り合いにも声をかけ、当日は観客も多く盛況でした。

その観客のなかに、訪問教育を受けている高校2年生の千恵さん（人工呼吸器使用）がいました。感想を聞いてみたところ、次の言葉が返ってきました。

「私は、観たいんじゃなくて、人形劇がやりたいの！」

ストレッチャー（ベッド状の車いす）に横になりながらも、まっすぐに私を見つめ力強く訴えかけます。

「そうか。じゃあ新しく人形劇団をつくるか」

私は思わず、こう答えずにはいられませんでした。そして関係者に声をかけ、２００３年に人形劇団「ポップコーン」を誕生させたのです。

しかしその出発は簡単ではありませんでした。「フレッシュ」と「紙風船」は、どちらも肢体不自由障害のメンバーで構成されているのに対して、地域の人形劇団の「ポップコーン」には、視覚障害、聴覚障害、知的障害、精神障害などさまざまな障害の仲間がいます。

「これで表現活動が成立するのだろうか？」

この難題に世話人会を何度も開きました。

「ブラックライトという特殊な光源を使って、人形だけが浮かび上がる人形劇なら可能性が広がるかも」

「人形を持っても投げちゃう隆くんは、帽子も脱いじゃうから、いつも着ている服に人形を縫い付けてみようか」

などとアイデアを出し合いました。そして「とにかく遊びながら模索していこう」ということで出発したのです。

8人の障害のある仲間とその家族、そしてボランティアの総勢26名の団員が集まりました。試行錯誤しながら、車いすのメンバーが音響とセリフを担当し、身体障害のないメンバーや家族およびボランティアが人形操作を担当する、という形式の人形劇作品ができ上がりました。

そして向こう見ずにも、その作品で県内外の人形劇フェスティバルに公演参加をしたり、市内の全ての児童館を巡回する公演活動に取り組んだり、豊明市の文化祭で公演したりと積極的に活動しました。公演活動を通して、自分たちだけの狭い活動で閉じるのではなく、社会とつながろうとしたのです。

「ポップコーンさんの人形劇は、まるで大きな家族が親子で楽しむ学芸会の発表のようですね」

との感想を聞きました。まさに、観客を感動させようというよりも自分たちが楽しんでいる姿をそのまま観てもらい、いっしょに楽しもうという雰囲気があったからです。

月に1回（第4日曜日午前中）、社会福祉会館の大会議室（社会福祉協議会の協力で無料）に集まり、風船バレーなどレクリエーション半分、人形劇練習半分の活動を行っています。公演依頼があると月に2回の集まりになることもありますが、「無理をしない」のがモットーです。

午前中の集まりが終わると近くのファミリーレストランで昼食会をします。ユニフォームはありませんが、人形劇の演出上、黒装束の団体は、車いすを使用する団員も2〜3人いるので、店の入り口に近づくと目立ちます。店員さんとも馴染みになり、店に入ろうとするだけでバリアフリーのテーブルを用意してくれるまでになりました。そこでの他愛のないおしゃべりを楽しみにしています。

3　人形劇団に通い始めて

(1) まずは心の解放から

修二くんが見学に来たその日は、簡単なメンバー紹介から始まり、すぐにジャンボ風船バレーで遊びました。直径約90センチの大きな風船は、小さな力でもゆっくりと飛ぶので、車いすのメンバーも参加できます。修二くんに障害はないので、課題としては簡単です。いっしょに参加しているお母さんの顔を何度も見ながらも、遠慮がちにやさしいパスを出していました。

次の例会では、爆弾ゲームをしました。このゲームは、みんなで大きな円になります。そして軽快な音楽が流れている間、赤い色のサッカーボールを手渡しで送っていきます。音楽の途中で爆発音が鳴ると手渡しをストップ。そのときにボールを持っている人が爆発したとみなすゲームです。爆発音はアトランダムに録音されていて、いつ鳴るのかがわからないのでハラハラします。ネーミングは怖いのですが、実際は音だけのことで、車いすのメンバーも参加できます。

3回爆発したら、罰ゲーム（罰ゲームは変顔）というルールにしています。小心者のメンバーは早く渡そうと慌てますが、私をはじめ出たがりのおじさんやおばさんは、ボールを持ってしばらく踊るなどのパフォーマンスをします。当然のことながら、調子に乗りすぎると自爆します。そのときの「しまった」という顔がおかしくて、みんなが大笑いします。

修二くんは終盤になって、その雰囲気にも慣れてきました。3～4秒ですがボールを左右に振って踊れました。このときから、もうお母さんの顔を見ることもなくなりました。

「お昼ごはん、いっしょに行こうか？」

との誘いにも乗ってきました。当然のことながら話題提供まではできませんが、ニコニコと話を聞いています。質問にも、返事くらいなら答えることができました。

(2) 人形劇での演技と手ごたえ

人形劇の練習時、隆くんのお父さんが言います。

「修二くんが入ってくれると、おじさん助かるわ」

周りは初めから、人形操作の戦力になるだろうと期待しました。

ただ「ポップコーン」は、もともと人形劇活動に真剣に取り組むことが目的ではなく、楽しいことをすることが目的で、人形劇はそのなかの一つでした。だから、責任を押し付けるようなことはしません。練習といってもアドリブをその場で考えたり、冗談を言ったりする自由な雰囲気があります。

初日は見学でしたから、観客として座っていた修二くんは、言葉はなかったものの、よく笑っていました。次の練習のときに誘ってみました。

「一度、人形を動かしてみようか？」

愛想笑いをしていますが、緊張しているのは明らかです。お母さんを見て助けを求めています。人形はオタマジャクシ。軽い素材で作ってあり、棒の持ち手があります。

「いっしょに手に持ってやろうか」

聴覚障害のある義男さん（38歳）が声をかけました。

「自分でやる」

と、修二くんはひとこと言って人形を手に取りました。室内の照明が消されると、ブラックライトに照らされた人形たちが光ります。修二くんは器用にオタマジャクシの動きを表現しました。青く光るオタマジャクシが空中を泳いでいます。

「わーすごい。上手」

「いいねえ」

「できるじゃん」

みんなから声がかかりました。表情ははっきりと見えませんが、修二くんの白い歯がブラックライトの光で青白く見えます。笑っているのです。


修二くんは、次の公演から人形操作の役者として参加しました。初舞台は「豊明ボランティアフェスティバル」という豊明祭りのイベントでした。

公演となると、不特定多数の観客が見に来ます。観客の多さにたじろがないだろうかと心配しましたが、大丈夫でした。修二くんにとって精神的な負担が少なくてすんだのは、公演会場がいつも練習しているところだったからです。そしてもう一つは、人形劇の特性にありました。

人形劇には、「けこみ」と呼ばれる役者と観客を隔てるものがあります。「けこみ」の外が観客の世界で、内側が役者の世界です。この内側は、作品をともにつくり練習で苦労をしてきた仲間たちとの安心できる世界。修二くんにとっては、この「けこみ」という壁で守られるという意識が働くのです。ましてて上演した作品が、ブラックライトを使用する演出で、自分の姿を消すことができ、観客の姿も消すので、多数であっても気にしなくてよいという効果がありました。

修二くんは公演後の役者紹介で拍手をもらい、照れながらも何とも言えない誇らしげな表情をしていました。その後、県外の人形劇フェスティバルに参加することもありましたが、どこの会場でも平気でした。

(3) 主役の声優となる

「ポップコーン」の公演を毎年依頼してくれるゆたか福祉会という法人があります。「ポップコーン」メンバーの隆くんのお母さんが、その法人の施設づくりに携わっていたという関係があったからです。毎年同じ作品を上演するのも観客に失礼ということで、新しい作品をつくることにしました。絵本の『まっくろネリノ』(ヘルガ＝ガルラー)をもとにした「くろすけ」という作品です。

ストーリーはこうです。

「主人公のくろすけは鳥のような空想の生き物。色とりどりできれいな兄弟のなかにあって、自分だけ黒であることにコンプレックスをもち悩む。しかし他の兄弟たちがペットショップの悪徳業者に捕らえられてしまったとき、夜の暗闇に姿を消して救出し、自分が黒であることに誇りをもつ」

この作品を選んだのは、ブラックライトの演出にぴったりということと、「からくりでまばたきをするくろすけの人形」を以前おばら氏に作ってもらっていた、という理由もありました。もちろん、何といってもそのテーマに惹かれたからです。

次第に人形や小道具・大道具ができ上がり、さあ効果音楽をつくろうというとき、「くろすけの声は誰がやる？」という話になりました。くろすけが落ち込む場面、兄弟を救出して喜ぶ場面のセリフに合わせてＢＧＭを考えなくてはならないからです。

遠藤先生が言いました。

「修二くんがいいんじゃない」

修二くんは、以前のように困った顔をしています。もっともです。

元保母の佐藤さんが言います。

「優しい声をしているし、いいかもしれない」

正直に言えば、脚本を書いた私は、いろいろな声色を出すことができる隆くんのお父さんか私自身を想定していたので、戸惑いました。しかし、圧倒的な女性陣の支持により、修二くんで試すことになりました。

修二くんが脚本を読みます。明らかに自信がありません。読み方もたどたどしく声も小さい。

（これじゃあ、公演のとき、観客には声が届かず白けてしまう）

私は心のなかで思いました。しかし黙っていました。すると――。

「いまは声が出てないけど、きっとよくなるよ」

と佐藤さん。

「修二くんは、言っちゃあ悪いけど女の子みたいなやさしい声だから、主人公のくろすけの弱さがうまく出せるかもしれない」

と遠藤先生。修二くんは少しうれしそうな顔をしました。

効果音楽のＢＧＭに合わせて修二くんがセリフを言う練習が始まりました。すると、佐藤さんと遠藤先生の言う通りになっていきました。いや、それどころかこの作品が、まるで修二くんのためにつくられたかのような感覚に包まれたのです。

原作をアレンジして、途中でくろすけがカラスに出会う場面があります。

「カラスさんは自分が黒くて、悩んだことないの？」

くろすけが聞くとカラスが言います。

「そんなこと考えたこともないね」

「くろすけ」は修二くんそのものです。コンプレックスを抱え、いろいろと悩みながら生きています。そして「カラス」は私や劇団の仲間です。「そんなこと考えずに、前向きに楽しくいこう」という生き方――。

練習が進み、最後にくろすけが言うセリフを修二くんが大きな声で言ったとき、熱いものが胸にこみあげました。

「僕は、黒でよかった。僕は僕でいいんだ」

この「くろすけ」という作品が上演されるたびに、修二くんの思いと重なり、涙がこみあげてきます。

⑷新しい仲間・新しい世界との出会い

人形劇活動のほかに、私が世話人をしている「雪の学校」に修二くんを誘ったこともあります。これは、１９７４年の障害児の不就学をなくす会の結成当時の「日曜学校」の取り組みの発展で、遠藤先生もかかわっているものです。

修二くんは40人もの初対面の人と、スキー場でそり滑りを楽しんでいました。楽しむだけでなく、車いす利用の仲間を自然に介助していました。そこで、校長（主催者）として私が「ありがとう。修二くんがいてくれて助かった」と言うと、とびっきりの笑顔で「とんでもないです」と答えていました。

修二くんが、入団して2年目の新年会で「今年の抱負」を一人ずつ発表するときのことです。あるお母さんの「今年は3キロやせる」、お父さんの「大物の魚を釣り上げる」という発表に続き、修二くんは次のようにしっかりと言ったのです。

「今年はダンスをがんばりたいです」

どうやら地元のダンスグループに入り、活動を始めたようでした。人形劇の練習を午前中に終えた後、修二くんが言います。

「今日は、ダンスの発表会があるので、お昼ごはんはいっしょに行けません。午後3時からの発表、よかったら見に来てください」

また、サッカーのクラブチームに所属している少し年上の団員の晃くん（精神障害）が、「もしよかったら、修二も練習に来るか」と誘っていました。もともとサッカーが大好きで足の速さにも自信のある修二くんは、すぐに参加しました。晃先輩がいるというのも心強かったのでしょう。晃先輩はバンド活動にも修二くんを誘い、世界を広げてくれました。

(5) 就職し、趣味の世界を楽しむ

世界を広げ、自信をつけた修二くんは、家の近くの自動車部品製造工場の正規職員として採用されました。

「仕事はきつく、やめたいと思ったこともあったけど、先輩の同僚に面倒見のいい人がいて、音楽のコンサートやカラオケに連れて行ってもらっていて、その音楽仲間もできたので今はやめたいとは思わなくなった」

と修二くん。お母さんは次のように言います。

「いまではときどき、好きなアーティストのコンサートに行くと言って、一人で東京などにも行くようになりました。昔のことを思うと考えられないことです。もう私がいなくても大丈夫みたいです。完全に自立してくれました」

就職してすぐのころ、10万円以上もらえる給料は全部貯金すると言っていた修二くんがいまでは自分の趣味に使うようになっています。そして最近、人形劇団「ポップコーン」の活動には欠席が多くなりました。

「忙しくてなかなか行けません」

それは世界が広がった証拠で、喜ばしいことです。

「結局あの子は、長い時間をかけて自分の好きなことを見つけていったのだと思います。人形劇活動は修二を外に出す一歩のきっかけをつくってくれました。本当にありがとうございました」

と、お母さんは話しています。

4 修二くんにとっての人形劇の意味

人形劇団「ポップコーン」には、「できれば来てほしいけど、無理はしなくていいよ」というゆるやかな合意があります。これは「来てもいいし、来なくてもいい」ということとは違います。もともと人工呼吸器を使用する重度の身体障害の千恵ちゃんの「やりたい」という言葉から始まったように、無理をすると体調を崩すメンバーが多かったので、自然にできた合意です。そのために配役を二人にする（ダブルキャスト）など、誰かが欠席をすると他のメンバーがフォローする体制になっています。

この合意と体制があることが、まず入口のところで修二くんにはよかったのではないかと思います。「絶対に行かなくてはならない」というプレッシャーがあるわけでもなく、かといって「来なくていい」という突き放され感があるわけでもありません。このゆるやかに開かれた信頼関係集団は、なかなか他では見られません。

次に、なかに入ったところでの活動内容です。「ポップコーン」の特徴として、輪になってお互いの顔が見合えるポジショニングで、心を開放しみんなで楽しみ感動を共感する活動があります。基本的に1か月に1回の例会というのも適度な距離感になっているように思われます。「近況報告」を一人ずつ行い、喜びや悲しみを共感するのも連帯感を高めることにつながっています。

最後に、人形劇という文化のもつ特性とその活動による心理的効果の魅力が挙げられます。人形は、「生き物のようであって生き物でないもの」というアニミズムから虚構（ファンタジー）の世界をつくりやすい。動物や虫が話したり、空を飛んだり、海に潜ったり、

宇宙に行ったり……、というように想像（イマジネーション）は自由です。

ここには競争原理が存在しません。たとえば「ウサギ役の子のほうがキツネ役の子よりも1・5倍よかった」などという評価がなく、一人ひとりの役者の努力が作品全体の評価を高めることになります。

さらに、伝えたいメッセージを作品にして世の中に発信し、共感的他者である観客による拍手などの評価を受けることは、仲間とともに実感する「自己肯定感」を形成します。

そして、このような公演活動を続けること自体が生きがいに結びついていきます。

5 文化活動を通して

修二くんは、この人形劇活動によって社会に出て行くきっかけをつかみました。お母さんが言う「自分の好きなことを見つけていった」その通過点に、人形劇活動があったと言ってもいいでしょう。

私は、全ての人に人形劇活動が有効、というつもりはありません。しかし「多くの仲間とかかわり、いっしょにつくっていく文化活動」には共通して、自分を見つめながら社会とつながっていく大きな可能性があると思います。それが、多くの人とのつながりを支えに、かけがえのない人生の自分づくりにつながっていくのです。

誰もが「生まれてきてよかった」と思えるような生きがいづくり――。そんな文化活動を通しての支援を、これからも続けていきたいと思います。

大人の支援

6 当事者・家族に寄り添う支援をめざして——ひきこもり支援実践論

青木道忠（NPO法人子ども・若もの支援ネットワークおおさか）

私は現在、障害のある人や不登校・ひきこもっている人たちにかかわる相談活動をはじめ、就労など社会参加の支援に携わっています。元は小学校の教員で、障害児学級を長く担任していました。そして、養護学校建設を求める運動や作業所づくりなど、障害のある子どもたちの進路を切り拓く取り組みに保護者とともに参加していました。そうした経緯もあって、２００３年にＮＰＯ法人大阪障害者センターの一員として、障害のある人の相談活動に携わるようになりました。そのなかで次第に増えていったのが、ひきこもっている人にかかわる相談でした。当時は、ひきこもり問題に対応する機関・団体がまだ少なかったのです。

ひきこもっている人の相談活動に携わるようになって強く感じたのは、当事者や家族の抱えるニーズ・課題が複合的であることです。多くのケースが、教育や福祉・医療・労働などのいくつもの分野にまたがっているのです。しかもそれらの問題のありようは、当事者の変容や年齢進行、家族の健康や家計などの変動によって変化していきます。そうしたことを実感するなかで、ひきこもっている人たちの社会参加の権利を保障するためには、地域に専門的で総合的、かつ継続的で連続性をもった支援体制を構築していく必要があると痛感するようになっていきました。

そんな思いを具体化する拠点として２００７年に立ち上げたのが、ＮＰＯ法人子ども・若もの支援ネットワークおおさかです。それ以後、ひきこもっている人たちが一歩踏み出すうえで必要となる居場所をつくるとともに、農作業など種々の体験を提供できる体制づくりをめざしてきました。同時に、地域における支援のネットワークを構築することをめざし、保健所や自治体、ハローワークや障害者生活・就業支援センター、さらには支援団体との連携協力を進めるなどして現在に至っています。

さて、ひとくちに「ひきこもっている」と言っても、その状況は実に多様です。当事者の年齢や原因・きっかけとなったこと、そうなってからの期間、現在どのように過ごしているのか、発達障害などの傾向や精神疾患の併発の有無、さらには家庭の状況や家族との関係など、一人ひとり異なるのです。しかし、多くの人に共通していることは、支援を求めて相談に来られるのが当事者ではなく、家族（主に親。以下、親とする）だということです。そしてその支援は親支援から始まり、親と支援者との協同支援を経て、当事者への直接支援へと発展していく点も共通しています。

ここでは、その過程をK男さんの事例を通して紹介し、それぞれの支援の過程で何を大切にする必要があるのかを考えていくこととします。

1　家族で問題を抱え込まず思い切って相談を

(1)　父親の叱咤激励を機にひきこもりに

K男さんのお母さんが相談室を訪れられたのは、彼が26歳のときでした。お母さんからの相談は、おおむね次のような内容でした。

K男さんは、大学の経営学部を卒業して大手スーパーに就職しました。一応の研修を受けた後、支店に配属され、店長の下で指導を受けながら各部署の仕事をひと通り経験することになりました。最初のうちは特に問題なく経過しましたが、早朝の出勤や閉店までの勤務が多くなった頃から問題が出始めました。疲れがたまってくるにつれ、臨機応変に対応できないことが増え、叱責を受けるようになったのです。それが度重なり叱責にも厳しさが増すなかで、K男さんは体調を崩し発熱して病気休暇を取りました。発熱が治まった後も出勤する気力が湧いてこず、結局退職せざるを得なくなりました。就職して八か月目のことだったといいます。

その後K男さんは少しずつ回復して、家族と談笑する姿も見られるようになっていきました。しかし、就職活動をしようとする気配がまったくありません。業を煮やしたお父さんが、いろいろな会社の就職情報を集め、「就職は、卒業後の年数がたつほど不利になる」「ここを受けてはどうか。今度こそがんばれ」と励ましました。促されるままに5社ほど入社試験を受けたK男さんでしたが、いずれも面接がダメだったということでした。本人に面接時の様子を聞くと、「問い詰められるように感じ

て苦しくなり、うまく答えられなかった」とのことです。それを聞いたお父さんが、

「面接は気合だ。そんなことだからスーパーもクビになったんだ。しっかりしろ」

と強く励ましました。するとK男さんは、

「どうせオレはダメな人間や。もう履歴書の用紙を見るのもイヤや」

と叫んで部屋にひきこもり、それ以来家族と顔を合わさないようになったということです。

「ひきこもってから2年近くになります。私たちが起きているときはめったに部屋から出て来ず、食事も部屋でします。風呂もみんなが寝ている間に、月に一度ぐらいは入っている形跡があります。部屋ではパソコンでインターネットを見たり、ゲームをしたりしているようです。ときどきトイレなどで部屋から出て来ますが、視線も合わさずすぐに部屋に入ってしまいます。ドア越しに言葉をかけるのですが、つっけんどんな必要最小限の返事しか返ってきません」

「気持ちの優しい子で、いいところもいっぱいあります。学校の成績も悪くありませんでした。なんとか以前のような元気な姿を見せてほしいとドア越しに励ますのですが、返事はありません。それどころか、部屋の床をドンと蹴ったり壁を叩いたりすることも増えてきています。私たち夫婦ももうすぐ60歳です。先々のことを考えると不安でいっぱいです」

堰を切ったように話すお母さん。

「つらいことを、よく話してくださいましたね。これからはもう一人ではありませんよ。私たちだけではなくいろんな方のお力も借りながら、いっしょに歩んでいきましょう」

と声をかけました。

「話を聴いてもらってホッとしました。誰に相談することもできず、ずっと苦しんできたのです」

お母さんの目には光るものがありました。

(2) 問題を抱え込まないことが大切

ひきこもることになった多くの当事者は、過去の出来事（挫折体験）への後悔や自己嫌悪感、先のことが見えない不安や絶望感などが渦巻く苦悩のなかにあります。受けた心の傷が深ければ深いほど、その苦悩も深く大きくなります。

そのため、自分の気持ちや問題を整理することができない状況にあるのです。もっと言えば、深い心の傷を負うことになったつらい出来事（問題）を振り返らず、また先を見通せない不安いっぱいのこれからのことを考えないようにすることによって、崩れ去りそうないまの自分をかろうじて支えようとしているとも言えます。

心配して事情を尋ねたり励ましたりする家族からの働きかけにも、その気持ちを汲んで向き合う気持ちの余裕はありません。しかも、問いかけに対する答えを自分でも整理できないもどかしさや、いら立ちが先に立つのです。場合によれば、そういう自分を「（親は）責めている」と受け止めてしまいます。そのためしばしば、拒否的あるいは攻撃的な態度になってしまうのです。

しかし、苦悩と不安にとらわれているのは本人だけではありません。そんなわが子の姿に対して、「何がどうなっているのか理解できない」「どう言葉をかけ、かかわってやればいいのか」「これからどうなっていくのか」など家族も困惑し、苦悩と不安のうちに過ごすことになっていきます。それは事態が長引けば長引くほど大きくなり、「こんなことになったのはこの子が不甲斐ないからではないか」とわが子を責めてみたり、「自分たちのいままでの子育てに問題があったのではないか」と自分を責めたりしがちです。将来のことを考えるとさらに不安も大きくなります。

そこに「世間体が悪くて、隣近所や親戚には知られたくない」「どこへ相談に行ったらいいのかわからない」「相談するところそのものがない」などの事情が絡んでくると、事態はさらに長期化し悪化していくことになります。ここに、ひきこもっている人にかかわる大きな問題の一つがあります。

そうした事態にならないようにするためにも、問題を抱え込まないようにすることが大切です。地域によって事情の異なるところはありますが、子ども家庭センターや保健所、自治体の福祉課や支援団体、児童福祉委員や民生委員、信頼できる友人・知人、などが相談先として考えられます。

Ｋ男さんのお母さんの場合は、親しい友人に苦しい思いを漏らされたことで、その人から私たち支援団体に相談することをすすめられたということでした。

2 家族と支援者が当事者の内面を読み解きながら協同支援

(1) 言動の奥にある思いを読みとり、気持ちを伝える

Ｋ男さんのお母さんとの何回目かの面談のときでした。

「何よりつらいのは、Ｋ男のことを一生懸命思っているのに、その気持ちが通じず会話さえできないことです。あの子が壁を叩いたり床を蹴ったりすると、言葉をかけることすらできなくなって……」

お母さんのこの訴えを受け、この日以後の面談は、前回面談日以降のＫ男さんの言動からその奥にある彼の思いを読み取ること、そしてご両親の愛情をＫ男さんがストレートに受け止められるように

するにはどうしたらいいのかをいっしょに考えることが主な内容になっていきました。

そのなかでお母さんは、K男さんのみせる姿の奥にあるその心情を、次のように読み取っていかれました。

「『(親から)言われていることはわかっている。でも、まだつらい気持ちでいっぱいなんや。わかってくれ。あれこれ言うのはやめてくれ』と言っているのでしょうか」

「『(親は)ぼくのことを一生懸命考えてくれているのに、それに応えられない自分はダメな人間や』と、自分を責める気持ちを壁にぶつけているのかもしれません」

「K男は優しい子ですから『お母さんが、暗い声で気をつかって話しかけてくるのも、自分のせいだ。自分がお母さんを苦しめている』と、苦しんでいると思います」

そして、次のように話されました。

「そうしたK男の気持ちはこれまでも感じられなかったわけではありません。でもいま思うと、父親も私もついつい、早く回復してほしいという思いが先走ってしまい、ちゃんと受けとめてやることができなかったのだと思います。一番つらいのは本人。だからこそ明るく受けとめ、元気が出るようにしてやることが大事なんですね」

そんな面談を重ねるにつれ、お母さんからうれしい報告が増えていきました。

「返答を期待せずに、ドア越しに明るい声であいさつの声かけをしています」

「先日の朝、部屋から出てきたK男にばったり出会いました。すかさず『おはよう』と声をかけると、小さな声で『おはよう』と返ってきました」

「『ご飯をきれいに食べてくれていて、うれしかったよ。リクエストがあったら言ってね』と声をかけていたら、3日後にメモでリクエストしてきてくれました」

「この頃、リビングによく出没するようになりました。すぐに部屋に入ってしまいますが、声かけには応えてくれることが増えてきました。『あんたが顔を見せてくれたらお母さんは元気が出るんよ』『明日はあんたの好きなケーキを買っとくね。いっしょにコーヒー飲もうよ』と、声をかけました」

(コーヒーをいっしょに飲むことは3か月後に実現したということでした)

「雨が降ってきたので急いで帰宅したら、洗濯物を取り入れてくれていました。ドア越しに『ほんとに助かったわ。ありがとう』と、声をかけました。返事は『うん』だけでしたが、うれしい気持ちになりました」

「父親とも、『おはよう』とあいさつを交わせていました」

「食器を、台所まで運んでくれるようになっています。『うれしい』と声をかけました」

もちろん、これらは一直線に進んだわけではありません。お母さんと談笑できるようになってきた姿を見たお父さんから、

「これからどうするつもりや。いつまでもブラブラしているわけにいかんやろ」

と話しかけられたことで、事態が逆戻りしました。再び部屋にひきこもり、応答が途絶えることになってしまいました。

この働きかけは、いつかはしなければならないことなのですが、それを受け止めるK男さんの気力と意欲の回復がまだ十分ではなかったのです。しかし、お父さんがドア越しに、

「悪かった。なんとかお前の力になりたいと思っていることが、お前を責めるような言い方になってしまった。許してくれ。これからは気をつける」

と謝ったことで、時間はかかりましたが、事態は修復へと進んだのでした。

そんな行きつ戻りつの繰り返しを経て、私たちがK男さんに居場所への参加を誘うことができたのは、相談を開始して3年余りが経過した頃でした。

(2) 安心感を培う

ひきこもっている人と向き合って実感するのは、ほとんどの人が挫折体験を引き金とする自己不全感、そして自己否定感の悪循環のなかにあることです。

概して、人は失敗し挫折すると自信や意欲が低下し、「また失敗してしまうのではないか」との不安感にとらわれたり、「失敗してはいけない」と緊張が強くなったりしがちです。

そうなると自ずと萎縮してしまって自分を生きいきと発揮できず、否定的な結果・評価につながることになってしまいがちです。場合によれば、叱責され非難されたりします。それがまた不安や緊張を強め、さらなる挫折体験につながっていくのです。

そうした悪循環が重なっていくと、「自分は何をしてもうまくいかない」「誰も自分のことを認めてくれないし、わかってくれない」という不全感を伴った寂しさや孤立感・疎外感が醸成されていきます。

それがより強まると、「自分はダメな人間だ」「こんな自分は自分でも嫌い」という自己否定感、さらには「こんな自分を生んだ親が悪い」「世間のやつらは俺を無視している」などといった被害感情も生まれていきます。加えて「どうせ俺なんか、どうなってもいい」と自虐的になるなど、状態をいっそう悪化させていくことになりがちです。

このような状況にある人への支援の最大の課題は、基本的安心感を土台とし自己効力感を軸にした自己肯定感と自尊感情を培っていくところにあるといえます。すなわち、「自分のことを理解しようとし受けとめようとしてくれている人がいる。自分は一人ぼっちじゃない」「自分は愛され大事に思われている、かけがえのない存在なんだ」との実感や、「役に立ち、喜んでもらえた自分」「あてにされている自分」「まんざらでもない自分」との喜びを、ねばり強くていねいに積み上げていくことです。とりわけ親には、わが子に対する愛情を、叱咤激励などの形で強く激しく表現するのではなく、深く静かにていねいに伝えていくことが求められます。そのことの大事さは、K男さんの事例がよく物語るところです。

3 居場所への誘い、そして体験の提供

(1)「ぜひ力を貸してほしい」と……

K男さんとご両親との間で他愛のない会話が増えて食事をともにする機会も出てきた頃、ご両親と相談して、K男さんを相談室さらに居場所活動に誘うことになりました。

まずお母さんに、次のような働きかけをお願いしました。

①「あなたをどう励ましてあげたらいいのかわからず悩んでいたときから、相談に乗ってもらっている人がいる」

②「その人は、ずっとあなたのことを応援してくれていて、あなたに会えたらうれしいし、力になれることがあれば何でもしたいと言ってくれている」。そして「ただ会いたいだけではなく、あなた

に何か力を貸してほしいこともあるらしいよ」「もし、あなたさえよければ、声をかけてね。ひょっとしたら、いい情報やアドバイスをもらえるかもしれないよ」。

それが実って、私たちがK男さんと会えたのは3週間後でした。お母さんといっしょに相談室に姿を見せたK男さんは、質問に答える形で、次のように心境を語ってくれました。

「父も母も僕のことをわかってくれるようになり、気持ちがだんだん落ち着いてきました」

「それにつれ、『このままではいけない。何とかしなければ』と思うようになってきました。でも、何をどうしたらいいのか全然見えてこなくて、また不安になってきてイライラもして……」

「ここに来ることは、ずいぶん迷いました。でも『なんとかしないと』という気持ちが強くなってきました。それに、自分のことをわかってくれているということだったので、思い切って来ることにしました」

そんなK男さんに、次のように私たちが取り組んでいる週1回の居場所活動への助力をお願いしました。

「先のことが見えてこないとつらいし、しんどくなりますよね」

「でも、そのしんどさを乗り越えて、今日来てくださってとってもうれしいです」

「少しずついろんなことを体験していくようにすれば、必ずご自身がもっておられる力を発揮できるようになっていきますよ」

「実は、そんな体験につながることにもなればと思っているのですが、K男さんにぜひ力を貸してほしいことがあるのです」

具体的には、私たちが管理している農園の作業と、居場所にきている不登校の子どもの勉強を援助する活動です。K男さんは「返事は、一度見学させてもらってからでいいですか」とのことでしたが、見学を経て結局その次の週からそれらの活動に参加するようになったのでした。

最初はお母さんに自動車で送ってもらって帰りは自分で、そしてやがて一人でバス・電車を乗り継いで通うようになりました。休むときもありましたが、それも連絡が入るようになりました。

安定的に参加できるようになった1年後、

「別の法人が学習支援の事業をしているのですが、週2回のアルバイトのスタッフを募集しています。いっしょに見学に行きませんか。いい雰囲気だったら、検討されてもいいかもしれませんよ」

とK男さんに、履歴書用紙がついた応募用紙を渡しました。

その3日後、お母さんからメールが届きました。

「K男が、見るのも嫌と言っていた履歴書を書いているんです。びっくりしました」

現在K男さんは週2日、その学習支援事業のスタッフとして活動しています。彼は「自分には、勉強を教えるのが合っているのかもしれません。子どもたちが頼ってくれるのがうれしいです」と話していました。一歩踏み出したK男さんの自分探し・自分づくりは、これを契機にさらに歩みを進めていくことになったのでした。

(2) 社会に踏み出す支援の四つのポイント

ひきこもっていた人が、家の中で安心して過ごせ、自分の気持ちを出せるようになってくると、「このままではあかんなぁ」「なんとかしなければ」と、考え始めます。

しかし、思いはあっても先のことが見通せないところから、新たな不安もまた膨らんでいきます。本人を取り巻く社会的な状況もひきこもる前と変わっていることでしょう。インターネットなどから情報は得られても、友達などから得られていた生々しい生きた情報は入ってきません。ひきこもる前に身につけていた社会的スキルや就労能力も低下していて、通用しないことの不安もあります。社会的な意識・感覚は鈍くなり、思考の幅も狭くなっています。

そうした状況にある人たちの支援には、少なくとも次の四つのことが必要だと考えられます。

一つ目は、本人の求める「情報を提供し相談相手になる」ことです。まずは、本人の気持ちや考えをよく聴き相談にのりながら、本人が必要としている情報の入手を助けることが求められます。もちろん、視野を広げるような情報の提供も大切ですが、それがプレッシャーをかけてしまうことにならないよう慎重にする必要があります。

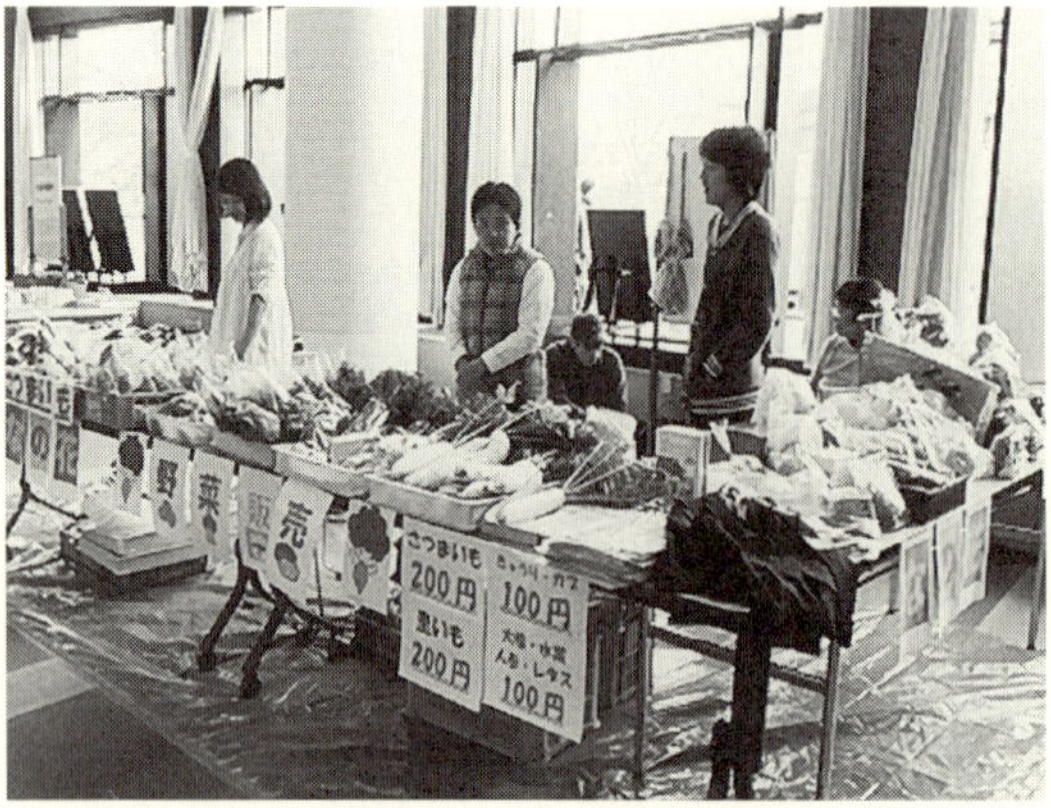

二つ目は、よりよい「支援者との出会い」をつくり出すことです。本人が不安と警戒心をもって一歩踏み出そうとしているとき、つらさや葛藤、イライラも共感的に受け止めてくれる支援者に出会い、温かく寄り添ってもらえたという思いをもてることは、それ以後に大きな力となるものです。それは、支援者にとっても、ひきこもっていた人といっしょに歩んでいくよりよい第一歩となります。

三つ目には、さまざまな人たちとの「コミュニケーションや交流」であり、それができる居場所の存在です。とりわけ同じようにひきこもっていた経験をもつ人との交流は、自分のひきこもり体験を見つめなおし、これからの生き方を考えていく上で、大きな示唆と励ましを得る機会でもあります。そのためにも、当事者が集えて自由に過ごせる「居場所」が必要です。「居場所」の定まった定義はありませんが、少なくとも「当事者同士が交流でき、支援者もいて相談できる」「自由に過ごせて、時には楽しい行事や取り組みがある」「何より安心して自分を出せる場」であることが大切です。

四つ目は、「多様な体験の提供」です。それぞれが自分にとっての社会参加のありようを模索するためにも、またそれに必要な諸能力を培うためにも、本人の得意なことやかつて経験したことのある内容、興味・関心・希望に合わせて、「さまざまな社会的活動の体験」ができるようにすることが必要です。そのためには、公的機関、企業や各種団体・個人などの協力が不可欠です。こうした連携・協力を組織していくことも、地域における支援ネットワーク構築の重要な中身となります。そのなかで、見学・ボランティア・就労体験、短時間や短期のアルバイト・パートなど、それらの体験が就労・就職につながっていくケースも少なくありません。

しかし、何より大切なのは、そのことを通して自分探しや自分気づき、そして豊かな自分づくりをしていくところにあります。途中でやめることや失敗は悪いことではありません。それらも大事な体験であり、失敗のなかから学ぶことも大きいのです。

支援者が寄り添い、成功も失敗もいっしょになっていていねいに振り返りをしながら、よりよい自分の発揮に向けての教訓を汲み取り、次に生かすようにしていくことが求められています。

4　生きる原動力を信じる

ひきこもっている人たちと向き合うなかで実感するのは、どんなに外の世界を拒否しているように見える人でも、心のどこかに必ず外の世界に開かれる心の窓・外の世界につながるパイプをもっていることです。また、どんなに否定的な姿を見せている人であっても、その奥に「自分のことをわかってほしい」「人からよりよいかかわりをもってもらえ・よりよく自分を発揮できる自分でありたい」との願いを秘めていることも痛感します。

それは、「生きる」うえでの原動力であり、「生きる力」そのものと言ってもいいかもしれません。

私たちには、そのことに深い信頼を寄せ、その思いと力のよりよい発揮を引き出し、豊かな「自分探し・自分気づき・自分づくり」に挑戦できるようにしていくことが求められていることを強調したいと思います。

第4部

ひきこもり問題研究と支援の課題

総論

①「ひきこもり」は日本特有の現象か

藤本文朗（滋賀大学名誉教授）

（本稿は「日本の科学者」Vol.51 No.6〈2016/6〉の特集「ひきこもり研究は今」に掲載した同名論文を加筆整理したものである）

私がなぜこのテーマを選び、論述するかの理由を述べます。

わが子（50歳）が「ひきこもり」になって10年余りを振り返ります。初めの5年余り、日々の対応に苦しみ、本人や家族も相談機関（精神科を含めて）に行きましたが、信用できず、この問題についての関係する研究会にも恥ずかしくて参加できませんでした。

というのは、私自身、自閉症などの障害者や登校拒否の研究者（大学所属）であり、論文など多数出し、パートナー（市会議員）とともに50年近く地域の相談活動をしてきているにもかかわらずという気持ちと、人の世話をして、わが子の育ちが不十分、間違いがあったとの苦しみもあり、70〜73歳の3年ほど「うつ病」になり、精神科に通院、投薬治療も受けました。

ようやくこの3年余り、地域の「ひきこもり」の親との交流を通して、苦しみを共有するなかで、『ひきこもる人と歩む』をJSA（日本科学者会議）会員高垣忠一郎氏の支援もあって出版し、親の声を中心に話し合い（1年間）、この人々とその家族を研究的な目で見る気持ちになることができました。

この本の京都での出版記念のつどいで、執筆者の一人であった石澤卓夫氏（精神科医）より「ひきこもり」は日本特有ではないか、〝HIKIKOMORI〟という言葉や概念について国際的視野での討議も必要ではないかとのアドバイスに学ぶなかで、左記の資料（英文と訳）が送られてきました。

『オックスフォード英語辞典』（第3版）に、「引きこもり」が収録される

【ロンドン共同】によると、英オックスフォード大学出版局の英語辞典「オックスフォード・ディクショナリー・オブ・イングリッシュ」の改訂版が2015年9月25日に出版され、新たに収録された単語2000語の中に、日本語の「hikikomori（引きこもり）」や、サッカー・ワールドカップ（W杯）南アフリカ大会で応援に使われたラッパのような民族楽器「ブブゼラ」などが入った。

「引きこもり」が英語として〝認定〟されたのは、欧米では若者による「引きこもり」自体が日本のようには社会問題化しておらず、英語で正確に表現できる言葉がないことが背景にあるとみられる。

またゲームやアニメといった日本のサブカルチャーと「引きこもり」がイメージ的に重なる点を指摘する声もある。

今回出版されたのは第3版で、語源が日本語の言葉としてはすでに第2版で、「オタク」や「過労死」「ラーメン」「昆布」などが収録されている。

「引きこもり」は、社会との接触を異常なまでに避ける現象とし、一般的には若い男性に多いと説明された。

右のことで「ひきこもり」という言葉は、日本が世界に発信した用語であることを確認することができました。私の自閉症などの研究ではまずは欧米の文献を原語で探ることが当たり前であり、私も英・独・ロシア語を不十分ながらマスターすることが出発点でした。「ひきこもり」が日本発ならば、日本のルーツ、研究成果をたどり、そしてなぜそれが日本特有なのかなども文献的に探ることをねらいとします。

1 「ひきこもり」のルーツを探る

まずは、『広辞苑』の最新版で「ひきこもり」のところを見ると、「引き籠もり　自宅に長時間ひきこもり他人や社会の接触をしない状態、1990年代より青少年の間で増加　社会問題化」と記述されています。他の辞典では、「引き隠る」と書かれ、例として夏目漱石の『吾輩は猫である』の一文「主人がいつもの様に引き隠る」が示されています。今日では隠居生活をしている老人などに当たり前に使われ、マスコミでは日常的用語として使われています。

(1) 日本最初の〝ひきこもり〟

歴史的にみると1990年代までは、日本社会で社会問題化されることなく、話され、書かれた言葉と言えます。

しかし、そのルーツを探ると、マスコミでも有名で、フォークソングライターで精神科医の北山修氏（九大名誉教授、日本精神分析学会会長）は、「文明論」的に言えばと断りつつも、「日本で最初のひきこもりの事例はだれかと言うと、天照大神、天の岩戸の中にひきこもる。あれはスサノオノミコトが非常に荒れ狂って乱暴なことをしたので、その狼藉にびっくりして傷ついていということがあるのだろう、それで太陽の神様である天照大神が閉じこもってしまって、それは本当にひきこもり状態だったと思うか、その時に、彼女、一応女神として、この彼女を呼び出す時に、世界の神々があつまって、中の一人が、ストリップテーズのようなことをやってのけました。彼女はちょっと覗いて面白いと思って顔を出したら、引っ張り出される。あのプロセスで「世界は面白い」と自信を持って外部が言ったからこそ出てくるのだと思う[1]」。

それは私のかつての研究と重なります。京都御所の皇室の人々が心の病で京都の北の里、岩倉大雲寺に古くから「ひき籠り」、密教的な加持祈祷を受けていた歴史的事実としての研究[2]でした。

(2) 世を捨てた「隠る」

辞典によっては「ひきこもる」を「引き隠る」と書いています。隠者とは、エリートコース（身分）を捨てて世を捨て、山や社寺に隠ることです。家にとじこもるのではありませんが、封建時代大多数の農山魚民以外の僧などのエリート（インテリ）が逆に出家して、山や社寺に隠る状態の人々は、今日のひきこもりのルーツと言えないでしょうか。古くは剣岳の山頂に最も早く登ったのは山岳信仰の修験者と言われ、高い山の洞窟でとじこもることは記録に残されていませんが、この状態に似ていると言えないでしょうか。(3) もっとも農民はひきこもると餓死する他ないでしょうし、貧しい農家にはひきこもる空間もなかったと言えます。

有名な西行（1118～1190）も、23歳で家を出て、京の北の草庵にひきこもり歌をつくりますが、時代の風潮として隠遁憧憬が目立ちます。しかし現実は、鞍馬にひきこもるなかで左記の歌はそれを示しています。

「世を遁れて、鞍馬の奥に侍りけるに、筧氷りて、水まうで来ざりけり。春になるまでかく侍るなりと申しけるを聞きて、よめる」

〝わりなしや氷る筧の水ゆゑに思ひ捨ててし春の待たるる〟

訳註「道理に合わないことだなあ。春の花のことも思い捨てて鞍馬の奥に世を遁れたのに、筧の水が氷って流れて来ないため、春が待たれるとは」（山家集　上　冬）

西行の〝隠〟は「かくれること」「外に現れないこと」の概念ですが、自己消滅に他なりません。右の歌は「隠」の矛盾、生活感が示されています。そして彼自身生きている間はそれほど世に認められたわけではありません。西行が生きている間1パーセントの貴族文学社会では有名で、死後15年「新古今和歌集」に74首収められ後に有名になりました。隠者はある程度、西行以外にも存在したと考えられます。(4)

仏典に「衆生所遊楽」という言葉がありますが、「楽士」はひきこもりの支援者で、ここが楽しいと言える人です。

(3) 漱石の小説に見る

明治になって農民人口が少なくなり、第三次産業が増え、インテリ族が増え、前述した夏目漱石の小説で、金はあるし家にとじこもっているわけではないものの『それから』『こころ』に出てくる高等遊民の実業家の息子、長井代助のような人々です。立身出世のエリートコースからひきこもりになる状態像に似ていると、教育学者が指摘しています[5]。

以上、日本のひきこもりのルーツをエピソード的に述べましたが、それが「日本特有」とどうかかわったかと言えば、国際的研究（2010年代からすすめられている）の成果とあわせて討議する研究課題と言えましょう。しかし、「ひきこもり」問題は前述しましたが、1990年代、日本で社会問題化する。量的増大、質的な深刻さの中で、HIKIKOMORIが外国でも日本発として知られていったと言えましょう。

(4) 量的な増大と質的な深刻化

前述した『広辞苑』で1990年代、社会問題化と書かれるようになった理由の一つは、右の(1)〜(3)のエピソード的ルーツをもつ「ひきこもり」が量的な増大、質的に深刻な状態が日本の社会に発生したと言えます。

たとえば、北山修氏が述べるように1960〜70年代の大学、高校での紛争は全国的に生まれましたが、これを〝立てこもり〟[1]（大学封鎖）とみると、1990年になると〝引きこもり〟に変化したとも言えるなかで、（苦しい戦中、戦後を過ごした）親は「甘える」な「ぜいたく病」とつぶやいたとのことです。

実数的には、１９７０年前後から始まっていた登校拒否20万人（小中13万、高校７万人―今日も続く）が成人（18歳後）になり、その30パーセントがひきこもりになっていけば、２０００年以降から計算しても１００万人（以上、第２部青木論文参照）になりますし、１９８０年代から始まった派遣社員制度やブラック企業の増大のなかで、働くことからドロップアウトしたひきこもりを加えれば、さらに増えていくことになり、今後も増え続けます。

そして、マスコミ（新聞、ＴＶ）でも特集的に取り上げざるを得なくなり、海外でも日本のＨＩＫＩＫＯＭＯＲＩとして紹介されていき、私の臨床経験でも、私の家の近くの親が暴力をふるう（親に）ひきこもりの対応支援、介入を１年ばかりしましたが、ひきこもりという概念は私にはありませんでした。当時は相談機関もなく、警察も介入しません。

事件的には「ひきこもり」狩り的事件(6)が起こり、社会問題にはなりましたが、その支援研究、国民的理解は不十分であったと言えます。そんななかから、ひきこもりの親の会ＫＨＪ（Kazoku Hikiko-mori Japan）が生まれ立ち上がっていきましたが、政府、地方自治体の対応は後手後手でした。

私が最近執筆、編集した『「小中一貫」で学校が消える――子どもの発達が危ない』のなかで述べているように、その背景には、子どもが青年期を得ず、発達の危ない状態が進んでいる、学校、地域が崩れる社会変化が進んでいると言えましょう(7)。

2 日本における研究は

ひきこもりに関する研究の歴史はまだ始まったところで、学術論文（学会誌）で本格的に取り上げられるのはこの15年余りでは主として精神医学の分野と言えますが、著書としてルポ的なものを加えても150余りではないかと考えられます。

分野としては、①「登校拒否→ひきこもり」の関係での臨床心理学、②自己形成とかかわっての社会学、③地域支援関係の福祉、④精神医学関係、最近増加した国際共同研究、⑤キャリア―教育関係（最も少ない）、⑥発達障害などとかかわっての障害者研究（特別支援教育）、⑦インターネット依存など情報科学がかかわるメリット、デメリット、⑧フィールド調査研究などに分かれ、本格的には学際的な共同的研究が求められます。

政府も、「ひきこもりの人々」のほとんどが稼働労働者であるので、労働者として就労してくれれば100万人の労働力は、換算して1兆円以上と計算する人もいて、それなりに主として医学関係を中心に、科学研究費をつけるようになって、研究成果が最近発表されるようになりました。

ここでは、㋑当事者に最も近い家族の立場、㋺ある程度科学的と考えられる、㋩この小論文のテーマ「日本特有」ということとかかわって取り上げ紹介することとします。

(1)「ひきこもりは希望」

私が親として苦しんでいるときに芹沢俊介氏の講演に参加しました。ひきこもる人にDoingを求めるのでなくBeingと捉えるべきという話で、一般的には実存的ひきこもり論と言うべきものでした。氏の論を体系的にまとめた本として『引きこもるという情熱』（雲母書房、２００２）があります。氏はひきこもりを引き出し症候群とその周辺との考え方を批判し、ひきこもり現象を全面肯定して「引きこもりは希望である」と述べます。

そして、ひきこもりは一人ひとりの固有性と同時に共通の軌路（往路・潜在期・帰路）のプロセスを取ると論じます。そしてこの背景は社会心理学的現象として、①高度に成熟した消費資本主義的社会化（「人は人、自分は自分」）、②子どもの高学歴を求める社会、③子ども、青年の発達で具体的に青年期と成人期の境界がなくなってしまった現実とかかわっていると述べます。

芹沢氏の論は、自立就労をあせる親を「ほっ」とさせます。そして「社会的ひきこもり」を「社会排除の社会という精神医」などと述べ、構造を解明しないことへの批判です。私の「発達保障論」[7]と共通する点も多い。ただ政策的提言をしてほしかったと思います。

(2) 日本の社会構造とかかわって

『ひきこもりの国—なぜ日本は「失われた世代」を生んだのか』（２００７年）はマイケル・ジーレンジガー（アメリカのジャーナリスト、２００３~２０１０年日本駐在）の著で、私にとって多少問題があるものの学ぶ点が多くありました。これは、氏が、日本のひきこもりの研究者、親の会、当事者に接して取材しての本です。[8]

①ひきこもる人への基本的視点

この本の最初「日本の読者へ」で、「2007年の日本は、あいかわらず、ひときわ豊かで平和な国である。しかし、国民の大多数、とくに若年層は、驚くほどの無力感と厭世観に支配されている。多くのアジアの隣国、ことに中国や韓国とは対照的に、日本国民は、将来に不安を感じ、揺るぎない安定を脅かしそうなグローバル化の急速な進展に神経を尖らせ、日本固有の文化を織りなす繊細な糸がみるみるほつれていくのではないかという恐怖感に襲われている」[8]と述べます。

ひきこもりの人への基本的な見方は、「社会への異議申し立て　何十人もの孤独な若者たちに話を聞き、彼らがおかれている窮状について耳を傾けてみて、(中略)ひきこもり青年たちの行動の意味がわかりはじめた。ひきこもりという行動は、脱工業化が進んだ社会に対する、ふつうではないが、きわめて理にかなった意義申し立てなのだ」。そして、ひきこもり人口100万人と推定しています。

②絶対的絶望感の背景

氏は、直接ひきこもり当事者、親をインタビューして、その絶対的絶望感の背景に、㋑世間体という圧力、㋺強いられた未来のための戦い、㋩排除の手段としてのいじめなどがあると述べ、人類学者ジョージ・デヴォスの言葉を引用します。

「日本では今も昔と変わらず、どの社会においても個人は相互依存なしに生きていくことはできない。それゆえ知的専門職であれ、職業集団に対する責任がかならずついてまわる。その責任を果たさぬ者はじきに孤立する社会を欺いて責任を果たさずに済まそうとする者、自立傾向を強めすぎた者は、ほぼ完全に疎外されるのだ」

③日本特有の社会背景

その日本特有の社会的背景として、(イ)借り物の民主主義、(ロ)独立していない「個人」、(ハ)働きすぎ病の中で、貧困なライフスタイル、(ニ)ブランド崇拝、(ホ)情報技術革新に対応できない日本型組織、(ヘ)日本型宗教などをあげ、そのうらには「鉄の三角形」として政官財の組織があると指摘します。

私のように、多少欧米について学んでいる者は共感し、まさに日本型新自由主義（「強いものはより強く、弱いものはより弱い」「金がある人には自由があるが、ない人にはそれがない」「その人々も自己責任のみ問われる」）と言えましょう。

氏は、同じようにひきこもりが多い韓国が日本を乗り越えている、それは、若者が国の政治を変える力になっているからである、と述べます。この点で山本耕平氏は、この分野で、10年余り前より研究交流されているので、参考になります。発達保障の立場よりこの問題を探究しています。[9]

(3) 精神医学の研究

この問題の学術的な論文数が多いのは精神医学です。理由は、精神科医が臨床的にひきこもる人と接するためと国から科学助成金が出ることにも関係しています。

古い伝統をもつ日本精神神経学会の第107回（2011年）シンポジウムで、「ひきこもりの国際的比較—欧米と日本」がもたれ、先進国中で日本、韓国以外でも親との同居率が70％以上のイタリア、スペインで、社会問題化しつつあり、米英では「若年ホームレス」が増えていることが明らかになりました[10]。

私の手元にあるイタリア人の東大博士論文（２０１４年）でも、これからイタリアでいずれ社会問題化すると述べています（文化人類学の立場から[11]）。

3 求められる研究課題

以上の研究から私は、日本型新自由主義（競争と社会的格差）とひきこもりの増大は深くかかわっていると考えます。「ひきこもり」の研究はこれからです。研究を深めるためには、以下のことが考えられます。

「ひきこもり」研究や臨床についてはは学会レベルでいえば、精神神経科関係のグループや国際研究、統合失調症や強迫神経症との関係、さらには、発達障害に触れた研究論文は、心理学・教育学・福祉学に比べて明白に多く「ひきこもり」の当事者・家族が相談に行くのは医療関係機関です（第1部、第2部漆葉論文参照）。しかし「ひきこもり」は精神科医にかかれば解決する問題ではなく、教育・臨床心理・福祉・雇用関係の協力が不可欠です。共同研究と実践研究が求められると言えましょう。

⑴ 人格発達保障

本書が発行に至ったことは。この努力の成果です。基本は本書の構成にも示されているように、当事者・家族の声を訴え、これを、関係者・専門家が支えることが重要です。そのキーポイントは「ひきこもり」の人たちの人格を正しく理解すること。社会が問われる問題です。

一般的な意見には、「甘え」「さぼり」「自立する気がない」と理解されている一方、「よく知らない」「教えて」という人のほうが偏見なくこの件に対応していただいています（上田論文参照）。やや専門的な人々は「半分程度は発達障害」「依存症的」「無気力（アパシーシンドローム）」とも言われています。信頼できる研究者として「ひきこもり」の人々のカウンセリング体験を通して、生きづらい社会で自己肯定感を取り戻すことが重要であると主張される高垣忠一郎氏に学ぶところが大きいと感じます（第1部〈当事者から〉参照）。私が多少付け加えるとすれば、2点です。

①「ひきこもる」ことは、人類学的に考えて人間の歴史からの防衛反応であると言えないでしょうか。私が前述した第2部の第3章でも多少触れていますが、たとえば、「遊び」や「プレイセラピー」で子どもはかくれる場を求めます。

②この人々に家族が一番願うことは「自立」です。しかしフランスの教育心理学者アンリ・ワロン[13]は「人は期待システム（system de prevision）こそ人格発達は保障される」と述べています。この人々には学校教育や地域でそのようなシステムが存在しなかったため発達しなかったと言えないでしょうか。このシステムを地域で再構築していく試みが少しずつ取り組まれています。詳しくは第1部を参照ください。

③端的に言えば、この人々も家族もマジメ過ぎないでしょうか。人間は時々ハメを外していいのではないでしょうか。自我心

理学者ブルーノ・クロッパー[14]は"regression in the service of ego"という考え方を示しています。人は時としてマジメ人間だけでなくハメをはずす・遊び・創造活動・文化活動が必要です（心的機能の弾力性）。具体例は第1部のたなか氏・津島氏を参照。

(2) 個を大切にした教育

発達保障の立場から、保育、学校教育での新自由主義で登校拒否、いじめ、虐待をなくすために、学校教育などで「個を大切にした教育[12]」が求められます。そのため50年前におけるランジュバン・ワロン計画が提起した少人数学級[15]が提唱され、欧米ではこれを反映して25人以下の学級が当たり前で、日本でも実現することが求められます。そして一度ドロップアウトしても社会教育を通しての再教育の場をつくることです（教育基本法第1条*参照）。

ひきこもり問題は、精神医学だけに頼るのも正しくありませんが、精神医学の協力抜きには研究が進みません。「人格障害」「発達障害」との間のグレーゾーンがあり、これらとのかかわりについて臨床心理学、教育関係、福祉関係者、そして親などを交え、ケース研究など協力のチームでの研究が求められますが、少しずつ進んでいます。

＊教育基本法第1条＝「教育は、人格の完成を目指し、平和で民主的な国家及び社会の形成者として必要な資質を備えた心身ともに健康な国民の育成を期して行われなければならない」

(3) 政策提言

行政への働きかけが少しずつ進んでいるが、さらに政策提言が必要です。政党レベルでの政策についてはこれからと思われます。

私たちが『ひきこもる人と歩む』の第4章でふれ、また「おわり」では、「ひきこもり支援手帳」のことも述べています。

国際的には、障害者権利条約の中で、ひきこもりも、合理的配慮の必要な人と考えるべきと、この分野の第一人者の専門家、藤井克徳氏は述べています。ひきこもりの人々100万人以上、家族関係者200万人以上の声はまだ小さく、サイレントマジョリティの人々です。これにどう対応するのかが求められています。私が政府機関に問い合わせたところ、「ネットワーク作り」「アウトリーチ」「地方自治体による要請に応じて財政出動」と答えました。ただし「ひきこもり」の人は1・3%だが特定の疾患ではないので制度上、恒常的な予算は付けにくいとのことでした。

私はさしずめ第1部松原氏の論文で述べているように憲法第13条を生かし、生活保護制度での対応が望ましいと考えます。日本国憲法を「ひきこもり」の人々の生活と人格発達に生かすべきではないでしょうか。

本論文のタイトルが重すぎますが、〝HIKIKOMORI〟は言葉通り、実態・運動・研究とも日本発であると言えます。

日本特有かと言われると、韓国でも同じ程度〝ひきこもり〟が問題になっていると考えられます。ひきこもりが社会問題化していない欧米に比べ、両国の共通性を考えると、家族の民主化の遅れ、教育格差が社会格差となる、個を大切にしないなど封建制、情報化、ブランド主義、いわば「近代化」を急ぎ過ぎたこととかかわっていると言えないでしょうか。

しかし、残念ながら前述のマイケル・ジーレンジガーが解決の方向が韓国で見えつつあると言っていますが、韓国は2013年より政府（ノ・ムヒョン政権）が個を認める革新学校（1学級25人以下、1学年5クラス）のモデルスクールをつくりつつあります。[15]

これに学び日本の個を大切にする学校、地域づくりが課題と言えましょう。

引用・参考文献

(1) 北山修ほか「ひきこもり」特集「現代のエスプリ」座談会p403（2001年）
(2) 藤本文朗編『京都障害者歴史散歩』文理閣、1991年
(3) 高瀬重雄『古代山岳信仰の史的考察』角川文庫、1969年（新田次郎『剣岳』1981参照）
(4) 高橋英夫『西行』岩波新書、1993年
(5) 武内洋『学問の下流化』中央公論新書、2008年。赤木昭夫『漱石のこころ』p153、2016年
(6) 芹沢俊介編『引きこもり狩り――アイ・メンタルスクール寮生死亡事件／長田塾裁判』雲母書房、2007年
(7) 山本由美、藤本文朗、佐貫浩『「小中一貫」で学校が消える―子どもの発達が危ない』新日本出版、2016年
(8) Michael Zielenziger, SHUTTING OUT THE SUN, Random House, Inc. 2006の訳本、光文社、2007年
(9) 山本耕平『ひきこもりつつ育つ』かもがわ出版、2009年
(10) 斉藤環「ひきこもり」をめぐる最近の動向　臨床精神科医学、2015年12月、『ひきこもり文化論』ちくま学芸文庫、2016年
(11) Carla Ricci A Comparative Research About the Phenomenon of Hikikomori Born in Japan and Now Also Present in Italy　東京大学、2014年
(12) 森嶋通夫『学校・学歴・人生――私の教育提言』岩波ジュニア新書、1985年
(13) Trnag-Thong La Pensée Pédagogique D'Henri Wallon Presses Universitaires de France 1969
(14) B. Kloper, Development in the Rorschach Techique Volume 1 World Book Campany New York. 1954. 573p
(15) 済藤智香　競争教育の矛盾のなかで韓国で始まった〝新しい教育〟女性のひろば、2013年6月号

② ひきこもり問題の理解と支援

漆葉成彦（医師・佛教大学保健医療技術学部教授）

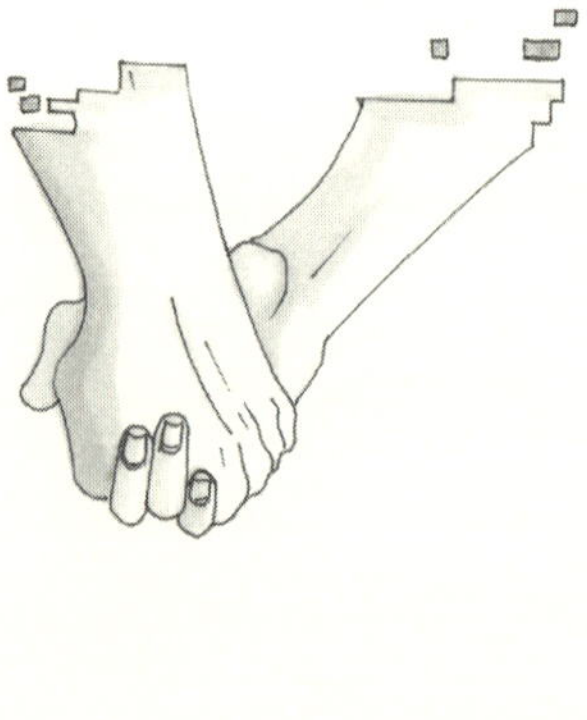

ここでは総合的なひきこもり支援について、主に支援者の立場から述べたいと思います。

1 ひきこもりとは

(1) 誤解や偏見を取り除くことから

ひきこもりという問題がクローズアップされるようになってからずいぶんたちましたが、いまだにひきこもりについての誤解や偏見があるようです。「ひきこもりは甘えである」というものや、「本人の問題だから放っておけばいい」というのが代表的なものです。

ひきこもりとは自分だけでは解決の難しい問題であり、また周囲を巻き込む問題なのです。また「ひきこもりは裕福な家庭の問題である」というのも偏見の一つです。実際には、経済的困難を抱えている家庭にもひきこもっている人が多いことはよく知られています。

こういった誤解や偏見を取り除くことからひきこもりの支援が始まります。

(2) ひきこもりの捉え方

厚生労働省の「ひきこもりの評価・支援に関するガイドライン」（以下「ガイドライン」と略称）によるひきこもりの定義（73頁参照）は、広く受け入れられているものですが、支援者によって微妙に受け取り方が異なってきます。

統合失調症などによる精神病性のひきこもりが疑われた場合には、可能な限り速やかに精神科医による往診などの精神科医療の流れに乗せるべきである、という考えがあります。一方では、統合失調症が疑われても、家族のメカニズムとしては非精神病性のひきこもりと共通点があるので当初の対応には共通点がある、という考えもあります。

この二つの考えは、どちらかが正しくてもう一方が間違っている、というものではありません。本人と家族の状況により、自ずと対応は異なってくるでしょう。

また、ひきこもりには、①ストレス対処行動としての側面、②依存としての側面、③能力低下としての側面がありますが、この三つの側面のうちどれを重視するかによって支援のあり方は異なってきます。

ストレス対処行動としての側面を重視する立場であれば、本人がひきこもるに至った生きづらさに共感し、自分らしく生きていく方法をいっしょに探していくというかかわり方になるでしょう。依存としての側面を重視する立場であれば、ひきこもっている行為そのものを問題とし、集団のなかに引き出す努力をするというかかわり方になります。また他人とかかわる能力の低下としての側面を重視する立場であれば、まずは支援者との関係のなかで本人自身の生きる力を高めていくというかかわりになるでしょう。これもどれか一つの立場だけで支援ができるものではなく、状況によって使い分けていくことになります。

2 ひきこもりのメカニズム

(1) 人はなぜひきこもるのか?

人生のさまざまな局面で問題に直面しストレスにさらされたとき、人はさまざまな方法でその問題に対処します。問題そのものを解決しようと積極的に行動する場合もありますし、問題そのものではなく、問題によって生じている不安や緊張を和らげるために気分転換をしたり休養を取ったりすることもあります。

こういった方法で対処できないとき、一時的に人との接触を断って自分のなかに閉じこもることがあります。これがひきこもりということなのです。ひきこもるという対処法を選択するかどうかには、その人の性格やそれまでの人生における体験などがかかわってはいますが、決してそれだけで決まるわけではありません。問題の大きさ、解決の難しさ、周囲の支援の有無なども大きな要因です。

したがって、ひきこもることは誰にでも生じ得ることであり、強いストレスから自分を守る適切な方法でもあると言えます。ひきこもること自体が問題なのではありません。

(2) なぜ長期化するのか

問題なのは、ひきこもりが長期化することです。長期化することによって、ストレス対処法の一つとしてのひきこもりが、本人や家族だけの努力では解決しがたい問題へと変化していきます。

ひきこもりが長期化することの要因は次の三つに整理できます。①能力低下が進行すること、②二次的に精神障害が発症すること、③家族システムが硬直化すること、です。ここでいう能力とは、自分自身のこころのエネルギーを高める力、他人とかかわる力、未来に向けて生きる力のことです。これらの力は、社会のなかで他の人たちとよいかかわりをもつことで高められ維持されるものです。

ひきこもりが続くと、これらの力がどんどん衰えていきます。その結果、表面的には落ち着いているように見えても、対人関係の些細なストレスを乗り越えることが難しくなります。また未来のことを考えることが難しくなるため、目標の設定ができなくなっていきます。その結果ひきこもりがさらに長期化することになります。

二次的な精神障害としては、うつ状態や強迫性障害が代表的なものです。ストレスを避けるためにひきこもったにもかかわらず、ひきこもっていること自体がストレスになる、という悪循環から気分や意欲が落ち込みうつ状態になったり、多くの人に認められるこだわりの傾向が、閉ざされた環境のなかでより強められ強迫性障害の状態になることがあります。いずれも外出の困難性を強める状態であり、ひきこもりが長期化する要因になります。

家族システムの硬直化とは、ひきこもりが長くなるにつれて家族の余裕が失われてゆき、効果がないとわかっていながら本人に対する叱責や激励を繰り返してしまう、というような状況をさしています。その結果、家族の無力感が強まり家族の回復力が低下していくことになり、ひきこもりがさらに長期化することとなります。

こういった要因が絡まり合って、家族を巻き込みながらひきこもりが進行していきます。ある程度ひきこもり状態が進行すると、本人や家族だけの力では解決することが難しくなっていくのです。

3 ひきこもりからの回復

ひきこもりの支援を考える前に、まずひきこもりの経過について述べていきます。

(1) 挫折

ひきこもりのきっかけには、何らかの挫折があります。学校に馴染めない、いじめられた、進級に失敗した、就職できなかった、職場のストレスで落ち込んだ、などさまざまなものです。周囲から見て明らかな挫折である場合もあれば、本人にとってはとてもつらいことであっても、周囲からはわからない場合もあります。いずれにせよひきこもりは、何らかの挫折体験によ

るストレスに、ひきこもることで対処することから始まります。

(2) 混乱期

ひきこもり始めた当初は〝混乱期〟(厚生労働省の「ガイドライン」では〝開始段階〟)とも呼ばれる時期です。家族とはほとんど会話することもなく、自室に閉じこもったり終日横になっていたりします。家族の対応によっては暴力を振るったり物を壊したりすることもあります。

この時期は、混乱のため問題が何かすらわからない時期とも言えます。この時期のことを後から本人に尋ねてもよく覚えていないこともあります。本人にとっても家族にとってもつらい時期ですが、ある程度時間がたてば落ち着いてきます。

(3) 安定期

続いて〝安定期〟(厚生労働省の「ガイドライン」では〝ひきこもり段階〟)とも呼ばれる時期になります。自室や家の中では比較的落ち着いてきたように見え、家族とのコミュニケーションが徐々に回復してくる時期でもあります。インターネットやゲームなどに熱中することもあります。

一見安定しているようには見えますが、それはこの時期の本人がひきこもりのきっかけとなった挫折や先のことから目をそらすことができているだけで、決して本当の意味で落ち着いているわけではありません。この時期はいわば問題はわかるが解決の見えない時期とも言えます。

この時期に、家族がひきこもったきっかけについて詮索したり叱責したりすれば、容易に混乱期の状態に逆戻りしてしまいます。このように安定期と混乱期を繰り返すのは稀ではなく、ごく普通に見られます。

(4) ためらい期

この時期に家庭内で安定することで、少しずつではあっても本人のこころのエネルギーが回復していけば〝ためらい期〟（厚生労働省の「ガイドライン」では次の段階と合わせて〝社会との再会段階〟）と呼ばれる時期になります。本人のなかで、ひきこもり状態から何とかして脱出しなければならないという思いが高まってはくるのですが、どうすればいいのかわからない時期です。

家族に対し「どうすればいいのか！」と何度も尋ねたり、アルバイトの情報を集めるものの連絡をしようとはしない時期でもあります。時には現実的とは言えない過大な目標を述べたりすることもあります。〝税理士になる〟、〝司法試験を受けて弁護士になる〟、〝小説家になる〟といったようなことです。

安定期に比べると、かえってイライラ感が強くなっているように見えることもあります。社会と接する機会が長く失われていたため、自分が社会に対してどのように向き合っていいのかわからない時期であり、解決は見えるが方法がわからない時期とも言えます。

(5) 動き出し期

この時期に少しずつよい体験を積み重ねることによって、いよいよ社会と向き合う時期になります。〝動き出し期〟と呼ばれる時期です。家族以外の他人との交流が始まり、自分なりの社会参加に向かって歩みだす時期です。

ひきこもりから、この四つの段階をへて回復していくのですが、注意すべきことは安定期、ためらい期、動き出し期それぞれの時期から逆戻りすることがしばしば見られるということです。家族にとってはつらいことですが、一喜一憂せず時期に応じた適切な対応を続けておれば必ず回復してくるものです。

4 ひきこもり問題の解決

ひきこもり問題は本人と家族のみならず、社会全体を巻き込む問題です。したがって解決にあたっても本人、家族、社会の役割が重要です。ここではそれぞれがひきこもりに対してできること、すべきことを説明します。

(1) 家族

ひきこもりの回復に関する家族の力はとても大きなものです。しかし家族だけの力でひきこもりが回復することは、残念ながら多くはありません。家族が支援者としての第三者と連携を取りながら適切な対応を続けていくことで、その力は発揮されるのです。

①家族がしなければならない三つのこと

家族がしなければならないことは、①ひきこもりについて理解すること、②本人が安心できる環境をつくること、③本人への働きかけを続けること、の三つです。

ひきこもりの理解　まずひきこもりの理解ですが、これには一般的なひきこもりのメカニズムの理解の他に、本人がひきこもるに至ったきっかけや背景など、本人自身の状況についての理解を含みます。一般的なひきこもりについての情報は数多く出版されている本やインターネットから得られます。厚生労働省のガイドラインもインターネットで読むことができます。

しかし本人の状況については家族だけで理解することは難しいかもしれません。専門家や同じ問題を抱える人と相談することが、本人の状況を理解する助けとなります。理解した内容を何らかの方法で本人に伝えることも重要なことです。

本人が安心できる環境　次に本人が安心できる環境ということですが、これは物理的・経済的に本人が安心できる環境を提供する以外に、家族内での対人関係の葛藤を減らすことでもあります。具体的には、家の中で本人が落ち着ける場所があること、家庭のなかで本人の役割や立場があること、家族や第三者から無用なプレッシャーをかけられないこと、などです。

第三者から本人を守るために、周囲の人にひきこもりについて理解してもらうことも重要なことです。家族としては、安心してひきこもれる環境を与えることは本人のためにならないのではないか、と思ってしまいがちです。以前は〝兵糧攻め〟と称し、本人の居心地をわざと悪くして外出を促す方法をすすめることもあったようですが、ほとんどの場合逆効果です。〝兵糧攻め〟された人が家を出てホームレス状態になります。社会との接点が失われた例もあります。

もちろん安心できる環境を与えるだけでは、ひきこもりが長続きこそすれ回復に向かうことは難しいことです。しかし、まず本人のこころが安定しエネルギーが回復してこなければ、次の段階に進めないことも事実です。社会に向き合うための条件が回復するまでは安心できる環境を与えることが、家族にできる最も大切なことの一つです。

本人への働きかけを続ける　同時に、本人への働きかけを続けることが重要です。働きかけがなければ本人がひきこもりの状態に〝安住してしまう〟おそれがないとは言えません。

働きかけとは、まず本人のひきこもりを家族全体の問題として捉えること、言い換えれば「ひきこもっていることは問題だと思う」と本人に伝えることです。注意すべきことは、このことと外出や社会参加を強いることとは別であるということです。

次に「ひきこもりの問題には解決法がある」と本人に伝えること、そして家族自身がひきこもりについて支援者に相談し、なおかつ本人にそのことを伝えることです。

これらの対応を行うことによって家族から本人に伝わるメッセージは次のようなものです。すなわち〝あなたがひきこもることになった理由はわかる。いまは無理に社会に出なくてもよい。しかしいまの状態がいつまでも続くことは望ましくない。いまの状態から抜け出して社会に向き合うための方法はある〟ということです。不用意な刺激や性急な自立への要求をすることなく、焦らずにこのメッセージを伝えることで、本人の回復過程が進んでいきます。

②家族の心構え

回復のイメージをもつ　最も重要なことは、家族が回復のイメージをもつことです。

ひきこもっている本人は回復のイメージをもつことが困難ですが、同じことが実は家族にも当てはまります。家族の一人がひきこもっているのは他の家族にとって大きなストレスとなり、こころのゆとりが失われていきます。また問題がなかなか解決しないことで無力感が強まります。家族自身が周囲からの干渉や批判を受けることで家族自身もひきこもりに近いこころの状態になってしまうこともあります。

こういった状況で家族が回復のイメージをもつのは難しいことです。家族が回復のイメージと希望をもてるようになるためには、支援者とのかかわりが必要です。

よいところに目を向ける　次に重要なのは、本人のよいところ、できていることに目を向けることです。ひきこもっていても、食事の用意や洗濯、ペットの世話などをすることもあります。またほとんど会話をしない状態であっても、何らかの方法でコミュニケーションが取れることもあります。〝ひきこもっているから、人と付き合えないから、仕事をしないからだめだ〟ではなく、現在できていることに目を向ける練習をしていると、そのうち本人の小さな変化に気づけるようになり、本人に対してよい反応が返せるようになるのです。

困ったときの対応　もう一つ重要なことは、具体的な問題で困ったときの対応についての心構えです。たとえば、小遣いをどうするか、インターネットを使わせるか、本人の求めに応じて物を買い与えるか、家族と同居するかそれとも別居するか、といったようなことです。

実はこのような問題に対する一般的な正解はありません。というのはそれぞれの家族によって生活の状況が異なるからです。小遣いを含め、本人への経済的支援はもちろんしたほうがよいのでしょうが、家族の経済状況によっては不可能な場合もあります。それぞれの状況に合わせて、長く続けられる方法を選択する、というのが正しい対応です。

ひきこもりからの回復には時間がかかります。人によって回復までの時間は異なるとはいえ、月単位ではなく年単位の過程です。家族が無理をすると家族自身が疲弊し、結局ひきこもりの問題が長引くことになるのです。

③ひきこもりの時期に合わせた対応

家族がひきこもりの本人に対応する際には、ひきこもりのどの段階にあるのかを理解している必要があります。支援者や同じ問題をもつ人たちと話し合うことで、ひきこもり段階を正しく理解することができるようになります。

混乱期の対応　混乱期において適切な対応は、〝詮索しない、刺激しない〟ことです。ひきこもりが始まったばかりの時期は、本人にとっても状況が十分把握できていない状態ですが、家族にとっても同様に戸惑う状態です。

家族として、本人がなぜひきこもったのかを知りたくなるのはもっともです。しかしこの時期は本人自身、ひきこもった理由を明確に話せる状態ではありません。理由をあれこれ詮索することは本人の混乱を強めることにつながります。混乱期にはとりあえず〝そっとしておく〟という対応が適切です。

安定期の対応　安定期において適切な対応は、まず本人が家の中で落ち着ける場所を増やすことです。自室から一歩も出ないという状況では、なかなか回復は困難です。自室以外に、居間など家族と同じ空間に出て来られるようにする必要があります。

そのためには、混乱期の対応と同様にひきこもりの理由について詮索しないことと、干渉し過ぎないことです。多くの場合、そのうちに自室から出られるようになります。

居間などで、家族と空間が共有できるようになれば、徐々に本人とのコミュニケーションを増やしていくようにします。可能であれば、当たりさわりのない話題を選んで話をするようにします。本人が興味や関心をもっている話であれば、抵抗も少ないようです。

家庭内での役割をつくっていくことも重要なことです。ただし、決して無理強いしてはいけません。

あくまで自分から動くのを助けるという態度でなければなりません。日頃小さな変化に目を向けておき、本人が少しでも家庭内での役割に関心をもつようなら、すかさず感謝の言葉をかける、というようなことです。家庭内での役割がつくれれば、本人のこころの居場所ができます。この時期に家族にとって大切なことは、相談できる場を見つけることです。

家族が相談することには、いくつかの重要な意義があります。相談することで家族にこころのゆとりが生まれることが一つ目の意義です。人に相談しても必ずしも求めていた答えが返ってくるとは限りません。それでも人に相談することで楽になるのは、相談することで自分の頭のなかだけで堂々巡りしていた悩みごとを、一時外に出せるからです。一人で悩んでいたことを話すことによって悩みごとを客観的に見ることが可能になるのです。

もう一つの意義は、相談すれば楽になると本人に対して示せるということです。

一般に人が人を動かすのには三つの方法があります。①ほめること、②叱ること、③手本を示すこと、の三つです。ひきこもりに対して、ほめることは有効な方法ですが、その機会を捉えるのはなかなか難しいことです。叱ることは効果がないばかりかかえって悪化させる結果につながります。最も続けることが簡単で効果があるのは、手本を示すことです。人に相談するということ、相談すれば楽になるということを手本として本人に示すことで、本人の行動が徐々に変化していきます。

家族が相談の場を見つけて通っていると本人に伝えると、通常では拒否反応が返ってきます。〝うちの恥をさらすのか！〟とひきこもっている本人から言われた親もありました。このような拒否反応にめげずに相談を続けていると、次第に本人の態度が変わっていき、そのうちに本人自身の相談に結びつくことはよくあることです。

ためらい期の対応　ためらい期において適切な対応は、回復のための情報を提供すること、本人なりの目標を批判しないこと、先回りをしないことです。

ひきこもりの支援制度や支援機関にはさまざまなものがあります（211頁参照）。その情報を伝えることが、本人が社会と向き合う助けとなります。この時期、本人はしばしば現実的とは言えない目標を語ることがありますが、それを批判してはいけません。長く社会に向き合っていなかった本人の語る目標が、周囲には夢物語のように思えてしまうことは当然のことです。しかし目標を設定することすらできなかった本人が、たとえ非現実的であったとしても目標を語ることができるようになったことは、大きな進歩です。夢のような目標を語ったり、逆にまったく自信がないように話したりすることがこの時期の特徴であり、動き出す前に必要な準備段階なのです。

また先回りをしないことも重要です。まったく社会に目を向けずにひきこもっていた本人が、揺れ動きながらでも社会に向き合う姿勢を示すようになると、家族はついつい先回りして本人のためにお膳立てをしようとしてしまいます。しかしこの時期、本人の準備が十分整わない間に家族が先回りすることは、決してすすめられません。

社会との接触が失敗に終わると、家族が先回りして進めたことがかえって逆効果となります。この時期に本人が一人旅を望んだため、喜んだ家族が一生懸命お膳立てをしたのですが、旅先でちょっとしたトラブルがあったことで前にも増してひきこもりがひどくなった例を経験したことがあります。本人はそのことを家族の責任だとし、家族との関係も悪くなりました。ためらい期には情報提供をしながら焦らず見守ることが肝要です。

動き出し期の対応　動き出しの時期において適切な対応は、本人のペースに任せること、家族の疲れを取ること、家族が普通の生活に戻ることです。ためらい期と同様、動き出した本人が外の社会で傷つき、またひきこもり状態になることもありますが、家族が動揺せず見守っていれば、またすぐに動けるようになるものです。いずれにせよ家族の心身の疲れを取ることが重要です。

④ひきこもり状態で起こるさまざまな問題への対応

暴力への対応　家族への暴力は一般に想像されるほど多いものではありませんが、非常に困難な状況を生む問題です。父親や兄弟の力を借りて一時的に押さえこむことが可能ではあっても、暴力が続くうちに家族の疲れは非常に強くなり、抵抗することが難しくなっていきます。

その結果、家族の機能自体が衰えてゆき家族の回復力が失われていくことになります。暴力が両親の関係を悪化させることもしばしばあります。

暴力への対応として適切なのは、まずは無用な刺激を避けること、家族が一時的に避難することです。家族が家を離れると、本人がもっと無茶なことをするのではないか、と心配して暴力を振るわれるままになっている家族もありますが、決してよい対応ではありません。家族に暴力を振るうことは、本人自身をも傷つけることであり、そういう機会はできるだけなくするほうがよいのです。

長期にわたって家族が姿を隠すと本人の状態が悪くなることがありますが、短期間の避難でその間本人に電話などでの連絡さえ入れておけば、そういった心配はほとんどありません。

ただし、本人が見捨てられたと思わないように避難しなければなりません。専門家と十分に相談した上で避難を実行することが大切です。

暴力がひどいときに第三者に来てもらうのも、場合によっては有効です。第三者が存在することで、暴力が本人と家族だけの間のものではなくなり、開かれた人間関係のなかに置かれることになるので、暴力が沈静化するきっかけとなります。

くれぐれも、暴力を甘んじて受けることと、暴力を暴力で抑えることだけは避けるべきです。

こだわりへの対応　過去へのこだわりも家族を悩ませる問題行動の一つです。大学生時代からのひきこもりの原因が、小学校時代に親から勉強を強制されたことであるとこだわり続け、両親を責めていた例がありました。こういったこだわりに対する適切な対応は、家族が過度に防衛的にならず、本人の気持ちを十分に聞くことです。ほとんどはいまさらどうしようもないことなのですが、気持ちを聞くことで状態の悪化を防ぐことができます。

時には、家族に対して過去の行為への償いとして無茶な要求をしてくる場合があります。こういった場合は、できることとできないことを明確にして、毅然とした対応をする必要があります。

⑤相談先を見つける方法

ひきこもりについての相談に専門的に応じてくれる機関には、医療機関の他にひきこもり地域支援センター、精神保健福祉センター、保健所、保健センター、市町村の担当窓口、民間支援団体などがあります。

ひきこもり地域支援センター　ひきこもり地域支援センターとは、厚生労働省の「ひきこもり対策推進事業」の一つで、都道府県や指定都市に設置されるひきこもりの専門的な相談窓口です。このセンターには社会福祉士、精神保健福祉士、臨床心理士などのひきこもり支援コーディネーターが配置されており、その地域でのひきこもり支援機関の情報を提供する役割を負っています。平成28年6月の時点で全国に67か所あり、厚生労働省のホームページで連絡先を確認することができます。

医療機関　医療機関には精神科、心療内科などのクリニックや病院などがあります。ひきこもりに対する取り組みの状況は施設によって大きな差があるため、ひきこもり地域支援センターや精神保健福祉センター、保健所、保健センター、市町村の担当窓口などで情報を得る必要があります。

精神保健福祉センター　精神保健福祉センターは、精神保健福祉法にもとづき各都道府県や政令指定都市に設置されている機関で、ひきこもりについての相談や情報提供が可能です。

保健所・保健センター　保健所・保健センターは、その業務の一つとしてひきこもりについての相談を受けるとともに、精神保健相談員や保健師、医師などによる訪問も可能です。また市町村にもひきこもりの相談窓口があることもあります。

民間支援団体　民間支援団体には、ひきこもり支援をおこなうＮＰＯ団体などがあります。専門的なカウンセリング、居場所の提供、就労支援、学習支援、入居施設の運営などさまざまな活動をしている団体があります。ひきこもり支援についての考え方はさまざまですから、本人に適した団体を選ぶためには多方面から情報を得ることが大切です。

まずは家族が相談を　どの機関を選ぶにせよ、まずは家族が相談することです。無理に本人を連れて行くことは避けなければなりません。ひきこもってはいてもある程度家族の言うことを聞く人もいますが、そういった場合でも無理強いは禁物です。

いくら専門家でも、誰とでも相性がよいわけではありません。なかば無理矢理連れて来られて相性が悪かった場合、本人が次に相談する気になるまでにはかなり長い期間が必要になります。

まず家族が何度か相談し、本人にふさわしいと判断した機関への相談を本人に勧めるべきです。専門家でも支援の考え方や方法は機関によってさまざまですから、いくつかの機関で相談してふさわしい機関を決めるのがよいと思われます。

相談機関が決まり、本人への働きかけを続けた結果本人が相談に通い始めると、家族はすっかり安心してしまい家族自身の相談を止めてしまう場合がありますが、これは決して望ましいことではありません。〝いつ行っても同じ話を聞かされる〟と相談を止めてしまう家族もありますが、家族自身の相談は続けるほうがよい結果を生みます。

(2) 本人

ひきこもりから最終的に回復するのは、本人の力をおいて他にはありません。

①自分を責めない

ひきこもりから回復するために本人がすべきことは、まず自分を責めないことです。ひきこもっている自分を責めることにより、かえってひきこもりは長期化します。ひきこもるようになった自分自身のこころのあり方を冷静に見つめることによって、こういった悪循環を減らすことができるようになるのです。

次に大切なことは自分から逃げないことです。ひきこもり状態に安住し開きなおっている人がいますが、これは自分から逃げているということです。自分を責めることと自分から逃げることは、いわばコインの裏表であり、どちらもひきこもりの長期化を招きます。

②よい体験を積み重ねる

その上で、さまざまなよい体験を積み重ねることが重要です。趣味や関心のある事柄に時間やエネルギーを使うのもよいことです。運動をしたり芸術に触れたり、さまざまな感覚が刺激されるような体験をするのも、ひきこもっている間に弱まった機能を回復させるよい方法です。また自分を受容してくれる第三者に相談することもよい体験です。

③目標を設定する

よい体験を積み重ね、少しの自信がついてくれば、次は目標を設定することになります。遠くの目標ではなく、少しの努力で可能になることを見つけるようにします。

ひきこもっている間に目標を設定する能力が低下しているため、自分一人で目標を決めることは難しいことです。信頼できる支援者や家族と相談しながら、目標を決めていくことが大切です。

最終的な到達点は必ずしも働くことではありません。自分自身が社会に向き合えるようになること、社会のなかでの自分の居場所を確立すること、要するに自分の生き方を自分で決められることが、最終的な目標となります。

(3) 社会

ひきこもりの背景に種々の精神医学的問題が存在することは、先に述べた通りです。しかし、ひきこもりとは決して医療だけの問題ではありません。何らかの脆弱性をもっている個人に、社会の矛盾が集中している現象であると考えるべきです。ひきこもりとは社会的排除の一つの形である、と言うことができます。したがってひきこもり問題の解決のために、社会の責任は重大です。

①ひきこもり問題への関心をもち続ける

社会がなすべきことの第一は、社会的排除としてのひきこもり問題への関心をもち続けることです。これまでのひきこもり問題支援の歴史のなかで、ひきこもり問題に対する社会の関心は消長を繰り返しています。ひきこもり問題が社会の関心を集めるきっかけは、残念ながら犯罪であることが多いのです。

ひきこもり問題を本人や家族だけの問題と考えるのではなく、現在の日本社会のあり方がひきこもり問題を生んでいるのだという考えのもと、社会全体で関心をもつべき事象であると考えます。

②本人・家族を支援する仕組みをつくる

次いで社会がなすべきことは、ひきこもりの本人および家族を支援する仕組みをつくっていくことです。現在、厚生労働省と内閣府を中心にさまざまな施策がありますが、必ずしも実効性のあるものとはなっていません。

しばしば指摘されることですが、縦割り行政がその一つの要因です。国では内閣府と厚生労働省でそれぞれ別の活動があり、都道府県レベルでも健康福祉担当部署と労働問題担当部署で別々に施策が行われているのが現状です。

もう一つの要因は、ひきこもり問題の根本にかかわることですが、いくら調査を重ねてもひきこもりの実態を正確に把握するのが困難であるということです。行政としては実態がはっきりせず効果も正確に検証できない問題に対して、恒常的に予算を確保することは困難です。そのため犯罪などの悲しい出来事でひきこもり問題が社会的に注目をされたときにだけ予算がつく、という現象が起こってしまいます。

したがって行政だけに頼るのではなく、社会の構成員全てがひきこもり問題に関心をもって支援を考えるようにしていく必要があるのです。

ひきこもり問題について、その理解と支援のあり方について述べました。ひきこもり問題とは、見ようとしないと見えてこない問題です。一見したところ生活習慣病や感染症のように社会に重大な影響を与える問題ではありません。

しかし、社会に参加できない人の存在を無視するということは、いずれ社会全体のあり方を蝕むことにつながります。社会からの十分な支援を基盤に、本人、家族の活動でひきこもり問題が少しでも解決の方向に向くことが望まれます。

参考文献

(1)厚生労働省「ひきこもりの評価・支援に関するガイドライン」平成22年
(2)蔵本信比古『引きこもりと向き合う―その理解と実践的プロセス』金剛出版、平成13年

③ ひきこもり支援政策・施策の到達点と問題点、その改善・充実をめざして

青木道忠（NPO法人子ども・若もの支援ネットワークおおさか）

「ひきこもり」問題が社会的に取り上げられるようになったのは、主に90年代以降のことだと言えるでしょう。バブル経済がはじけ派遣労働やパート職などの非正規雇用が拡大されるなかで、「フリーター」「ニート」とよばれた人たちの問題といっしょに取り上げられるようになっていったのです。そしてそれ以後の試行錯誤を含んださまざまな施策が土台となって、現行のひきこもり支援の施策が組み立てられ展開されています（本書第4部④「利用できる制度や施策、支援機関や支援団体の紹介」参照）。２０１０年は、そうした施策が一定のまとまりをもって打ち出された年でした。それ以後、創造的な取り組みが各地で展開されることになっていった反面、それらの支援施策の問題点や矛盾もまた顕在化することとなっています。この節では、そうした経過と問題点を整理し、今後の改善・充実の方向性を考えることとします。

1　一つの節目の年となった2010年

「ひきこもり」問題にとって、2010年は大きな動きのあった年でした。

その主なものの一つは、「子ども・若者育成支援推進法」が施行されたことです。「日本国憲法および児童の権利条約の理念に則り（中略）子ども・若者育成支援施策を推進する」と謳った同法は、「ひきこもり」支援に携わる現場の支援者なども交えて法案が検討されました。その結果、法案議決の際の付帯決議に、ひきこもっている子ども・若者への支援体制の整備を強調するなど、ひきこもり支援の現場の実態や課題が一定反映されることとなりました。こうした経過をもつ同法の施行にともない、国の大綱として「子ども・若者ビジョン」が作成されました。そして、自治体ごとの子ども・若者計画の策定や地域協議会の設置、さらには「子ども・若者総合相談窓口」の開設も進みはじめました。[1]

二つ目は、同法の成立を受け内閣府が若者の意識に関する調査（以下「ひきこもり調査」と略称）を実施したことです。同調査は、全国の市区町村に居住する満15～39歳の者のなかから無作為に抽出した5000人を対象に実施されました。調査員が訪問留置し回収する方法で、3287人（65・7パーセント）から回答を得られたとしています（2010年7月公表）。調査の主な結果は次のようなものでした。

①「自室からは出るが、家からは出ない」など四つの項目に該当した「狭義のひきこもり」（23・6万人）と、「自分の趣味に関する用事のときだけ外出する」に該当した「準ひきこもり」（46・0万人）とを合わせた「広義のひきこもり」は69・6万人存在すると推計される（同年齢の人に占める割合約

1・79パーセント）。

②また「嫌な出来事があると、外に出たくなくなる」「理由があるなら家や自室に閉じこもるのも仕方がないと思う」など四つの項目に「はい」と答えた者などから、「広義のひきこもり」を除いた者を「ひきこもり親和群」と定義したところ、その推計数は155万人となった（同割合3・99％）。

この調査は、標本数が少なかったことや40歳以上を調査対象としなかったことなど、種々の問題点をもちつつも、国として初めて実態の概要を把握し公表した点で大きな意義をもつものでした。なお、内閣府は2016年にも同内容の調査を行っていますが、それについては必要に応じて触れることとします[2]。

三つ目として、厚生労働省による「ひきこもりの評価・支援に関する新ガイドライン（以下「新ガイドライン」と略称）の公表をあげることができます。これは、厚生労働科学研究の一つである「思春期のひきこもりをもたらす精神科疾患の実態把握と精神医学的治療・援助システムの構築に関する研究」班が、3年間の研究成果として作成したものです。このガイドラインは、旧ガイドライン（2003年）にメンタルヘルスの視点を加えるなどして、ひきこもりの基本概念を「様々な要因の結果として社会的参加（義務教育を含む就学、非常勤職を含む就労、家庭外での交遊など）を回避し、原則的には6か月以上にわたって概ね家庭にとどまり続けている状態（他者と交わらない形での外出をしていてもよい）を指す現象概念である。（略）」としました。これは、関係者が共通の視点をもって当事者・家族と向き合い、連携・協同して支援をすすめるうえで共通の指針となるよう示されたものでした。

とりわけ、「ひきこもり」が「様々な要因」による相互作用の結果としての「現象概念」であるとした点に、大きな意義を認めることができます。ひきこり者は精神的異常者であるとか、問題の所在が

「親の甘やかし、本人の怠け・甘え」にあるなどとする見方が当事者・家族を苦しめ、問題の社会化を妨げ解決をそれぞれの自己責任に矮小化することにつながってきたからです。

2 改善・充実が求められるひきこもり支援の施策、そして体制の構築

2010年を一つの節目として、全国各地でひきこもり支援の取り組みが創造的に展開されることになりました。しかしその一方でそれらのよって立つ施策のもつ問題点や不十分さ、矛盾もまた顕在化しています。この項では、そのうち次の2点について考えていくこととします。

⑴ 求められる40歳を超える人たちの実態調査の実施と支援体制の再構築

この間のひきこもり支援施策の展開において拡大している矛盾の一つは、40歳を超える人たちの問題です。子ども・若者育成支援推進法にもとづいて策定されたひきこもり支援策による諸事業の対象から、40歳を超える人たちが外されるようになってきているのです。

その代表的なものの一つに、地域若者サポートステーション事業（以下「サポステ」と略称）があります。厚生労働省が所管するサポステ事業は2006年度から始められ、現在NPO法人などの民間団体が受託して全国約160か所で開設されています。当初は、直接的な仕事探しでもなければメンタルケアでもない、いわゆる広い意味での進路相談、進路サービスを求める若者たちへの総合的な相談窓口機関として開設され、40歳を超えたひきこもっている人の問題にも対応していました。筆者が主宰する団体も一時期このサポステ事業を受託していましたが、ひきこもっている人たちに対しては、

40歳を過ぎた人たちも含めて相談支援や訪問支援（アウトリーチ）も行い、居場所への誘導や種々の活動を組み込んだ体験も提供していました。就労支援も、ハローワークに加え関係機関・団体・企業に連携・協力を広げ、ケースによっては同行支援も行っていました。

しかし次第に、子ども・若者育成支援推進法の対象は「若者」であるとして、その支援対象を15〜39歳の人、それも就労に近い状況にある人に重点を移されてきています。それはすなわち、ひきこもっている40歳以上の人が、前述のような支援が受けられなくなっていることを意味します。ただでさえ、年齢が高くなればなるほど社会参加とりわけ就労への道は厳しくなるのですから、ひきこもっている40歳以上の人やその家族にとっては大きな痛手となる事態です。

厚生労働省などは、それに代わるものとして、２０１４年に施行された生活困窮者自立支援法の相談支援や就労支援事業などの活用を推奨しています。しかしそれらには、もともとひきこもっている人や家族に対する専門的な支援体制が用意されているわけではないので、利用は進んでいません。

40歳以上のひきこもっている人や家族の問題が対象から外されているのは、サポステなどだけではありません。そもそも内閣府が実施してきた「ひきこもり実態調査」の調査対象そのものから、40歳以上の人は外されているのです。とりわけ、２０１６年調査は２０１０年調査当時に35〜39歳であった人たちの追跡調査を行うチャンスでしたが、それすら実施されませんでした。

40歳を過ぎたひきこもり状態にある人やその家族は、若年層のひきこもりの人たちと共通する問題だけではなく、新たに切実な問題も抱えることになっていきます。ひきこもりの長期化と重なっている場合も多く、本人の心身の状態が一段と低下していたり、家族関係が深刻になったりしているケースが少なくありません。また、前述したように、社会参加とりわけ就労へのハードルが特段に高くなっていきます。本人の事情もそうですが、一般的に雇用者も年長者の雇用を敬遠するからです。さらには家族の高齢化も進み、家族の健康や家計の問題も心配になっていきます。このように40歳を過ぎると、それまでに比べて状況がさまざまな面で一段と厳しさを増していくのです。

こうしたことをふまえるならば、40歳以上の人を実態調査の対象にもしないというあり方は、早急に改善される必要があります。いかなる問題においても、実態を把握し課題を明確にして、はじめて適切な施策を策定することができます。40歳を超える人たちを対象にした実態調査を実施し、ひきこもり当事者やその家族が直面している課題・特別なニーズに応じた支援のための施策や体制を早急に構築していくことが切実に求められています。

(2) 安定性と継続性のあるひきこもり支援事業に

二つ目の問題点は、民間団体などに委託されているひきこもり支援事業における、事業運営や支援そのものの安定性や継続性にかかわる問題です。

現在、国や自治体によるひきこもり支援の各種事業は、ほとんどが公募型のプロポーザル方式をとっていて、NPO法人など民間の団体に多くが一年単位の契約で委託されているのです。年度替わりにはそれまで事業委託を受けていた団体も含め、改めて事業者が公募されます。事業者の選別・決定は、応募したそれぞれの団体が提案する企画とそれまでの実績・成果に対する評価にもとづいてなされます。それまでの事業受託団体であっても、その企画や前の年の成果次第では次の年の事業受託者となれない場合も出てくるのです。

たとえば、前述したサポステの場合であれば、成果として相談対応件数も報告を求められますが、重視されているのは就労に結びつけた件数です。その件数が少ないと企画競争には不利となります。たとえ競り勝って事業受託者となったとしても、実績や成果が低い数値であれば事業費のランクが下げられたりするのです。それだけではなく、時には厚生労働省予算全体との関係で事業費が増減したり、政策の変更で事業そのものが打ち切られたりすることもあります。そのいい例が、２００５年度から実施された「若者自立塾」です。この事業は、ひきこもりやニートなどと言われる人たちを対象に、合宿形式で生活訓練や職業体験を行うとするものでした。しかし、実践的な教訓が整理され始めた矢先の２００９年度末に、「成果が上がっていない」として廃止されてしまいました。

そうした不安定要素は、そのまま事業運営や支援活動にもち込まれることとなります。事業を受託した事業者は、事業仕様で必置とされている精神保健福祉士や臨床心理士などの専門職に加えて一般の支援員さらには事務職など、支援や事業運営に必要な人員を雇用します。しかし、事業予算との関係などで、週何日かのパート雇用の人を多くせざるを得なくなります（いずれも賃金が他業種と比べて低いのが実情です）。実際、多くの事業において、責任者や一部の専門職を除いて非常勤でもよい旨の仕様が示されています。それも事業委託がほとんど一年単位であるところから、職員の雇用契約も一年単位となります。したがって、事業者も雇用されている支援員も、次年度に向けての不安を抱えたなかで事業運営や支援活動にあたることになります。そういった不安定さのなかで、支援員が年度途中で条件のいい仕事を求めて辞めていくことも珍しいことではありません。ひきこもっている人はも

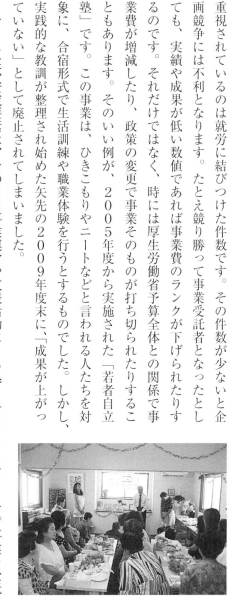

とより、就労をはじめ社会参加に支援を求めている人の多くは何らかの事情を抱えていて、粘り強くていねいに寄り添う支援を必要としています。しかし、こうした支援体制の不安定な状況は、そのまま当事者・家族が必要としている支援を継続して安定的に受けられなくなることにつながっていきます。どうしてこのような状況になっているのでしょうか。その原因・要因となっているものとして、次の2点を指摘したいと思います。

まず指摘しなければならないのは、現行のひきこもり支援にかかわる事業のほとんどが、国の義務的経費による財政的裏付けをもつ法・制度によってではなく、その時々の政策にそって事業が考えられ、それに必要な費用を予算の中から捻出して進められている点を挙げなければなりません。そのため、国の財政事情に応じて予算額が変更されたり、政策が変われば事業が打ち切られたりするのです。ある意味では、後述するように成果主義・競争原理が強く働くそもそもの原因の一つも、ここにあると言ってもいいかもしれません。この問題の改善・解決のためには、ひきこもり問題の解決そのものを目的とした法律をつくり、それにもとづく支援のための制度を創設することが不可欠だと考えます。ひきこもり問題が教育や福祉、労働、医療など複数の分野に関連する多様な問題をかかえており、かつどの分野にも収まり切らない面をもつ、いわば「制度のはざま」の問題としての性格をもっています。しかし、本書においても各筆者が縷々《るる》述べているように、重なりがあり「はざま」の問題であるが故の固有性も見据える必要があると考えます。種々の分野の問題の重複により、その固有性が一段と深刻さを増しているのです。

次に指摘しなければならないのは、事業者選定段階からもち込まれている成果主義・競争原理による弊害です。事業運営にかかわる問題については先に述べたところですが、弊害は支援活動そのものにも現れます。その最大の問題は、競争に競り勝つために成果の上がりにくい対象や時間をかけた丁寧な方法を敬遠し、てっとり早く結果が出て成果の上がりやすい対象や方法を選択することに陥りやすくなる点です。そうしたあり方が、ひきこもりなどをしている人やその家族の置かれている現実や求めるものと、相いれないことは言うまでもありません。

こうした論議を実態にもとづいて広げ政策提言していくことで、指摘した問題点が少しでも改善され運営体制の継続性や安定性を確保することにつながるのではないでしょうか。それは同時に地域において専門性や総合性、継続的で連続性をもった支援体制の構築への道を拓いていくことになると考えます。

3 研究と実践の二つの課題

いま、ひきこもり問題に取り組んでいくうえで、研究・実践両面からのアプローチが不可欠と考える課題として、次の二つを提起したいと思います。

一つは、不登校とひきこもり問題における、近似性・共通性と連続性の解明です。ある意味、目新しくない課題かもしれません。しかし、21世紀に入ってからも不登校児童生徒数・率ともに増加に歯止めがかからない一方で、ひきこもり者の中に占める不登校経験者の割合も20~30パーセント（内閣府による「ひきこもり実態調査」注(2)）へと上昇しているのです。こうした事態は、不登校経験者の追跡調査などをとおして、不登校経験者がひきこもることになっていく要因やそのメカニズム、将来ひきこもることにつながることのない不登校者への支援のあり方、などを教育政策や現場の実情に照らして明らかにすることを求めているると言えるのではないでしょうか。それは、不登校児やひきこもり者を出さない教育のあり方、ひいては社会のあり方を明らかにしていくことに、つながっていくものと考えます。

二つ目は、「ひきこもり問題」と、雇用・労働環境の問題とのかかわりを解明することです。今や「HIKIKOMORI」とともに「KAROSHI」も国際語になっています。また、非正規雇用労働者の占める割合は4割を超えようとしています。その背景には、労働法制の改悪に象徴される雇用・労働環境の悪化・劣化の進行のあることが広く指摘されています。そうした雇用・労働環境の悪化・劣化の問題と、「ひきこもり」問題との関連はどのようになっているのでしょうか。たとえば、ひきこもることになった要因として。またひきこもり状態から一歩ふみ出して社会参加・就労していく際の条件として。さらには就労した後に再びひきこもることになったりすることの要因として……。

この課題もかねてより指摘されてきたところではありますが、雇用・労働環境の悪化・劣化の進行のなかで、改めてそのことを事実・実態にもとづいて解明していくことが重要だと考えます。それは、ひきこもり問題を解決していくだけではなく、過労死や格差と貧困の拡大が深刻になる現在の日本社会のもつ病理を解明・解決して行くことにつながると考えるのです。

注

(1)2016年2月9日付で「子供・若者育成支援推進大綱―全ての子供・若者が健やかに成長し、自立・活躍できる社会をめざして―」が策定され、「子ども・若者ビジョン」は廃止されている。

(2)内閣府は、2010年に実施した「ひきこもり実態調査」と同内容・方法の調査を、やはり15～39歳の者を対象に2016年に実施した。その結果、ひきこもりの者が約54万人で、そのうち不登校経験者が30・6%と推計されると発表した。

④ 利用できる制度や施策、支援機関や支援団体の紹介

古庄　健（「社会的」ひきこもり・若者支援近畿交流会事務局長）

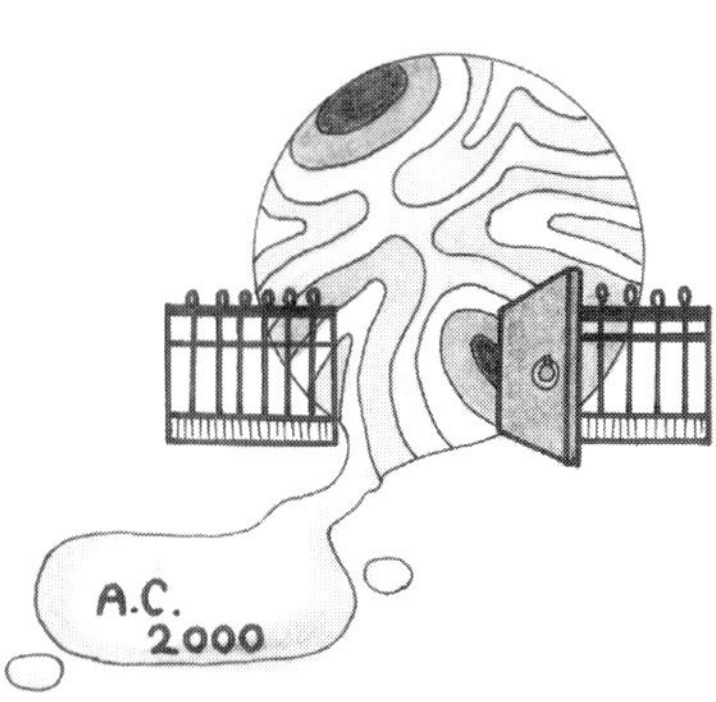

1　ひきこもり支援の歴史

(1) 個人問題としてのひきこもりの時代——２０００年～

ひきこもりは、競争社会のなかで追い詰められた若者が、自らを守る手段として選択したとも言えます。１９９０年代までのひきこもりへの関心は、何らかの関係者の間に限られていました。しかし２０００年に発生したひきこもりの若者によるいくつかの事件を契機に、世間の関心は高まります。

２００１年の小泉政権による構造改革が、企業および富裕層への減税措置、スーパーリッチへの富

の再分配、中間層の破壊、貧困層・労働者の低賃金化、福祉の削減を促進して格差社会を生み出すという新自由主義の最悪の結果を招来し、その結果、若者の使い捨て社会を生み出し、彼らの生活の場を奪い、成長発達要因を阻害してきました。

そのようななかで、青年期の発達課題と主体的に対峙する能動性・主体性が阻害される生活のしづらさを抱えたひきこもりが生まれたのです。

2001年には厚生労働省が『10代・20代を中心とした「ひきこもり」をめぐる地域精神保健活動のガイドライン（暫定版）』（最終版は2003年）を発行しました。

地域若者サポートステーション（一覧は、http://saposute-net.mhlw.go.jp/about/supportstation_4.html）開始に至るまでの国の若者支援政策について、佐藤洋作（文化学習協同ネットワーク代表理事）は次のように概括しています。

「若者の社会的自立をめぐる問題の困難化を受け、政府も、このままでは若者の職業能力が蓄積されていかず、中長期的に競争力・生産性が低下していくなど経済基盤が崩壊していくこと、さらには社会保障システムが脆弱化し社会不安が増大していくことなどを憂慮し、この間さまざまな若者支援策を打ち出してきた。

2003年に『若者自立・挑戦プラン』（厚生労働・文部科学・経済産業・経済財政担当の4大臣参加、2004年度からは内閣官房長官も参加）を策定し、若者向けの就業相談支援機関を開設したり、インターンシップやキャリア教育を推進してきた。

2005年度からは、合宿形式で生活訓練や職業体験をおこなう『若者自立塾』事業が開設され（２００９年11月の『事業仕分け』により２００９年度末で廃止）、２００６年度からは『地域若者サポートステーション』事業が開始された。後者は『サポステ』と呼ばれ、直接的な仕事探しでもなければメンタルケアでもない、いわゆる広い意味での進路相談、進路サービスを求める若者たちへの総合的な相談窓口機関である。全国に１００カ所が開設されており、さらに広がりつつある。

しかしながら、２００７年度にサポステに来所した若者数は約４万人、延べ来所数でも14万５千人であり、82万人に上る若年無業者のほんの一握りに過ぎず、まだまだ支援サービスが本当に必要な当事者に届いていない状況にある」（「子ども・若者育成支援推進法と若者の現状」『議会と自治体』２０１０年７月号、一〇〇頁）

(2) 社会問題としてのひきこもりの時代——２００９年～

厚生労働省は、２００９年に「ひきこもり対策推進事業」を創設し、次の二つの事業を始めました。一つは、ひきこもりに特化した専門的な第一次相談窓口としての機能をもつ「ひきこもり地域支援センター」（一覧は、http://www.mhlw.go.jp/file/06-Seisakujouhou-12000000-Shakaiengokyoku-Shakai/0000147784.pdf または巻末参考資料１）を、精神保健福祉センターなどを母体として都道府県、指定都市に設置し運営する事業です。もう一つは、ひきこもりの長期、高齢化やそれに伴うひきこもりの状態にある本人や家族からの多様な相談や継続的な訪問支援等を行うことを目的とする、ひきこもりサポーター養成研修、派遣事業です。

一方2009年には、子ども・若者育成支援施策の総合的推進の枠組み整理や社会生活を円滑に営む上での困難を有する子ども・若者を支援するためのネットワーク整備を目的とした「子ども・若者育成支援推進法」（子ども・若者育成支援施策の基本法）が公布され、2010年から施行されました。この法律では、自治体が中心となり、児童相談所や保護観察所、NPOなどで構成するネットワーク「子ども・若者支援地域協議会」と、ワンストップの相談窓口「子ども・若者総合相談センター」の設置が支援の中核として位置づけられています。

この法律は現場からは評価されていますが、地域において核となるべき子ども・若者支援地域協議会や子ども・若者総合相談センターの設置数がいまだ不十分なのが実態です。

また、「生活困窮者自立支援法」にもとづく相談窓口（窓口一覧はhttp://www.mhlw.go.jp/file/06-Seisakujouhou-12000000-Shakaiengokyoku-Shakai/0000133099.pdf）が2015年度から全国の市町村に開設され、自立相談支援事業・就労準備支援事業・就労訓練事業・一時生活支援事業・住居確保給付金の支給・家計相談支援事業・生活困窮世帯の子どもの学習支援を行っています。この法律も、若者・ひきこもり支援に活用できる可能性があります。

ひきこもり支援活動については、これまでその活動を担ってきたNPOなどに対する助成といった形で、地方自治体における「社会的ひきこもり」支援体制の取り組みが始まっています。しかし、国の施策を転用して計画されたものが多く、国の施策がなくなれば消滅する事例も見られます。地方自治体の単独事業での施策を要求していくことが求められます。

たとえば、筆者が住む大阪府枚方市においては、関係者や市民の要求を受けて2012年6月に官民協同の「枚方市ひきこもり等地域支援ネットワーク」が発足、2013年4月には市単独事業で「枚方市ひきこもり等子ども・若者相談支援センター」（現在「枚方市子ども総合相談センター」と併設）を開設、２０１４年６月には、同センターによる青年の居場所の開設や家族会の設立にこぎつけました。また、２０１３年５月には「子ども・若者育成支援推進法」にもとづく「枚方市子ども・若者育成計画」を策定しました。

2 若者・ひきこもり支援現場の現状

(1) 国や地方自治体による支援の現状

現在、地域若者サポートステーション、ひきこもり地域支援センター、子ども・若者総合相談センターなどの若者・ひきこもり支援施策が地域に定着してきつつあります。また、生活困窮者支援事業が新設され2年目を迎えています。

しかし、若者雇用促進法に位置づけられた地域若者サポートステーションは、就労支援に比重が増し、これまで対応していたひきこもりからやっと居場所へつながった若者への支援が制度上やりづらくなっています。また、生活困窮者自立支援法にもとづいた事業が若者・ひきこもり支援にどこまで対応できるのかについては、試行錯誤の状態です。

新しい事業が制度化されると、所轄官庁の縦割り行政のもと各事業の対応区分も明確化されていきます。併せて事業の連携についても各々強調されています。制度・事業ができたことによって支援の隙間がまた生まれる状態をつくり出さないためにも、各地域で行政と民間支援機関が手を取り合ってネットワークをつくっていくことが必要になります。

(2) 民間支援機関全国団体の動向

①若者支援全国協同連絡会（略称ＪＹＣフォーラム。詳細はhttp://www.jycforum.org/）

ひきこもりの民間支援機関は１９８０年代頃から各地で、必要に迫られた形で成立されました。しかし、いずれもその基盤は貧弱で、学習交流する場もなく、孤立したなかで運営をせざるを得なかったのが実態でした。

そこで２００４年、ひきこもる若者たちと向かい合うなかで学習・交流の場を求めたいという支援者たちの思いを受けて、全国社会的ひきこもり支援連絡会議が結成されました。２００６年２月には第１回社会的ひきこもり支援者全国実践交流会を始め、２０１７年は東京で開催されます。

この会は当初、支援者を中心とした学習・交流会でしたが、次第に家族や当事者の青年たちの参加が増え、支援者側においても、行政機関関係者の参加が目立ち始めました。その中味も不登校、発達障害・精神障害など個々人の状態に対する支援や居場所・就労・住まい、そして地域などの場に対する支援など幅広いジャンルからの参加に拡がってきています。

そこで２０１４年から、ひきこもり支援に重点を置きながら

も、より広範な総合的・重層的な若者支援を展開するために「若者支援全国協同連絡会」（略称JYCフォーラム）、「全国若者・ひきこもり協同実践交流会」という名称に変更されました。いまのところ、若者・ひきこもり支援者の全国ネットワークとしては唯一のものです。

②家族会・当事者会の全国組織

家族会では、全国組織として全国引きこもりKHJ家族会連合会（全引連）（詳細はhttp://www.khj-h.com/）があります。1999年に設立され、ひきこもりに取り組む全国的な家族会組織として活動しています。地方支部には有力な家族会が加盟しています。

その他にも、登校拒否・不登校問題全国連絡会（詳細はhttp://zenkokuren.jp/）や登校拒否・不登校を考える全国ネットワーク（詳細はhttp://www.futoko-net.org/）に加盟している各地の親の会でも、登校拒否・不登校と合わせてひきこもりの親の交流を行っているところがあります。

また、フリースクール全国ネットワーク（詳細はhttp://freeschoolnetwork.jp/）に加盟する団体では、ひきこもり当事者の支援を行っているところもあります。

さらに「若者当事者全国集会」など、当事者団体による全国交流会や学習会も開催されています。

(3) 地域支援機関マップづくりの取り組み

近畿地区では「ひきこもり・若者支援機関マップ」づくりが始まっています（31頁参照。詳細はhttp://www.geocities.jp/kinki_koryukai_site/project_map_search.htmlまたは巻末参考資料2）。

当事者から、自分に合う支援機関をネットで簡単に検索できたら、との要望があったのがきっかけでした。近畿地区のひきこもりの若者に多種多様な支援機関に出会う機会を保証することを目的に、ホームページや冊子で豊富な情報を提供し、当事者がそれぞれに合った支援機関を見つけやすくしています。同時に、支援機関側でも他機関の情報を得られることで当事者をリファーしやすくすることを目的に、ホームページや冊子を作成しています。

今後は、関東をはじめ他地域と連携を図り、若者支援全国協同連絡会とともに全国化をめざします。このプロジェクトの母体は、「社会的」ひきこもり・若者支援近畿交流会です。2014年2月に行われた「第9回社会的ひきこもり支援者全国実践交流会in大阪」に集まった近畿地区の支援者・支援機関から、今後も学習・交流を続けようとの思いを受けて2015年に設立されました（詳細はhttp://www.geocities.jp/kinki_koryukai_site/）。

参考資料1　「ひきこもり地域支援センター」の設置状況リスト

（2016年12月1日現在）

	センター名	電話番号
1	北海道ひきこもり成年相談センター（札幌市）	011-863-8733
2	青森県ひきこもり地域支援センター（青森市）	017-787-3953
3	岩手県ひきこもり支援センター（盛岡市）	019-629-9617
4	宮城県ひきこもり地域支援センター（大崎市）	0229-23-0024
5	秋田県ひきこもり相談支援センター（秋田市）	018-831-2525
6	山形県ひきこもり相談支援窓口「自立支援センター巣立ち」（山形市）	023-631-7141
7	福島県ひきこもり支援センター（福島市）	024-546-0006
8	茨城県ひきこもり相談支援センター（水戸市）	029-244-1571
9	栃木県子ども若者・ひきこもり総合相談センター「ポラリス☆とちぎ」（宇都宮市）	028-643-3422
10	群馬県ひきこもり支援センター（前橋市）	027-287-1121
11	埼玉県ひきこもり相談サポートセンター（越谷市）	048-971-5613
12	千葉県ひきこもり地域支援センター（千葉市）	043-209-2223
13	東京都ひきこもりサポートネット（東京都）	03-5978-2043
14	かながわ子ども・若者総合相談センター（ひきこもり地域支援センター）（横浜市）	045-242-8201
15	新潟県ひきこもり地域支援センター（新潟市）	025-280-5201
16	富山県ひきこもり地域支援センター（富山市）	076-428-0616
17	石川県こころの健康センター（ひきこもり地域支援センター）（金沢市）	076-238-5750
18	福井県ひきこもり地域支援センター（福井市）	0776-26-4400
19	山梨県ひきこもり相談窓口（甲府市）	055-254-7231
20	長野県ひきこもり支援センター（長野市）	026-227-1810
21	岐阜県ひきこもり地域支援センター（岐阜市）	058-231-9724
22	静岡県ひきこもり支援センター（静岡市）	054-286-9219
23	あいちひきこもり地域支援センター（名古屋市）	052-962-3088
24	三重県ひきこもり地域支援センター（津市）	059-223-5243
25	滋賀県ひきこもり支援センター（草津市）	077-567-5058
26	京都府初期型ひきこもり訪問応援「チーム絆」（京都市）	075-531-5255
27	大阪府ひきこもり地域支援センター（大阪市）	06-6697-2750
28	兵庫ひきこもり相談支援センター（神戸市）	078-977-7555
29	奈良県ひきこもり相談窓口（奈良市）	0742-27-8130
30	和歌山県ひきこもり地域支援センター（和歌山市）	073-435-5194
31	とっとりひきこもり生活支援センター（鳥取市）	0857-20-0222
32	島根県ひきこもり支援センター（松江市）	0852-21-2885
33	広島ひきこもり相談支援センター（中部・北部センター）（広島市）	082-893-5242

	センター名	電話番号
34	広島ひきこもり相談支援センター（西部センター）（広島市）	082-942-3161
35	広島ひきこもり相談支援センター（東部センター）（三原市）	0848-66-0367
36	山口県ひきこもり地域支援センター（防府市）	0835-27-3480
37	徳島県ひきこもり地域支援センター「きのぼり」（徳島市）	088-602-8911
38	香川県ひきこもり地域支援センター「アンダンテ」（高松市）	087-804-5115
39	愛媛県心と体の健康センター「ひきこもり相談室」（松山市）	089-911-3883
40	高知県ひきこもり地域支援センター（高知市）	088-821-4508
41	福岡県ひきこもり地域支援センター（春日市）	092-582-7530
42	長崎県ひきこもり地域支援センター（長崎市）	095-846-5115
43	熊本県ひきこもり地域支援センター「ゆるここ」（熊本市）	096-386-1177
44	大分県青少年自立支援センター（おおいたひきこもり地域支援センター）（大分市）	097-534-4650
45	宮崎県ひきこもり地域支援センター（宮崎市）	0985-27-8133
46	鹿児島県ひきこもり地域支援センター（鹿児島市）	099-257-8230
47	沖縄県ひきこもり専門支援センター（南風原町）	098-888-1455
48	札幌市ひきこもり地域支援センター（札幌市）	011-863-8733
49	仙台市ひきこもり地域支援センター「ほわっと・わたげ」（仙台市）	022-285-3581
50	さいたま市ひきこもり相談センター（さいたま市）	048-851-5660
51	千葉市ひきこもり地域支援センター（千葉市）	043-204-1606
52	横浜市青少年相談センター（ひきこもり地域支援センター）（横浜市）	045-260-6615
53	川崎市精神保健福祉センター（ひきこもり・思春期相談）（川崎市）	044-200-3246
54	新潟市ひきこもり相談支援センター（新潟市）	025-278-8585
55	静岡市ひきこもり地域支援センター「Dan Dan しずおか」（静岡市）	054-260-7755
56	浜松市ひきこもり地域支援センター（浜松市）	053-457-2709
57	名古屋市ひきこもり地域支援センター（名古屋市）	052-483-2077
58	京都市ひきこもり地域支援センター（京都市）	075-708-5425
59	京都市ひきこもり地域支援センター（京都市）	075-314-0874
60	大阪市ひきこもり地域支援センター（大阪市）	06-6922-8520
61	堺市ひきこもり地域支援センター（堺市）	072-229-3900
62	堺市ひきこもり地域支援センター（堺市）	072-245-9192
63	神戸市ひきこもり地域支援センター「ラポール」（神戸市）	078-945-8079
64	岡山市ひきこもり地域支援センター（岡山市）	086-803-1326
65	北九州市ひきこもり地域支援センター「すてっぷ」（北九州市）	093-873-3132
66	福岡市ひきこもり支援センター「わんど」（福岡市）	092-673-5804
67	福岡市ひきこもり成年地域支援センター「よかよかルーム」（福岡市）	092-716-3344
68	熊本市ひきこもり支援センター「りんく」（熊本市）	096-366-2220

※上記は、国の「ひきこもり対策推進事業」による補助を受けて設置されるセンターの一覧であり、自治体によっては、上記以外にひきこもりの方々に対応するための相談窓口を設置している場合がある。

参考資料2　ひきこもり・若者支援機関マップ近畿地区調査団体リスト

（2016年12月31日現在）

※ひきこもり・若者支援機関マップ近畿地区推計250法人の調査をめざしています。
詳細はhttp://www.geocities.jp/kinki_koryukai_site/project_map_search.html

2015年度調査団体（2015年7月～2016年3月）

団体名	電話番号またはメール
① NPO法人青少年自立支援施設淡路プラッツ（大阪市）	06-6324-7633
② NPO法人情報センターISIS神戸（神戸市）	078-232-3923
③ NPO法人ウィークタイ（大阪府吹田市）	mail@weaktie.org
④ 「ひきこもり」者社会参加支援センターNPO法人エルシティオ（和歌山市）	073-432-2170
⑤ お昼です！（自助グループ）（奈良県王寺町）	info@ohirudesu.com
⑥ NPO法人おおさか教育相談研究所（大阪市）	06-6768-5773
⑦ 株式会社グランディーユ（地域活動支援センターぜるこば）（堺市）	072-229-7430
⑧ NPO法人グローバル・シップスこうべ（神戸市）	kobe@global-ships.net
⑨ スペースわん（塾）（大阪府河内長野市）	0721-54-3301
⑩ NPO法人エルシティオ事務支援センターソラーナ（障害者就労支援B型）（和歌山市）	073-498-5883
⑪ フリースペースそれスタ（兵庫県伊丹市）（新規受け入れ停止中）	072-780-1234
⑫ NPOそーね（当事者研究会）（大阪府豊中市）	renshinan.sone@gmail.com
⑬ NPO法人大東野崎人権協会（大東市若者等自立サポート事業）（大阪府大東市）	072-879-2010
⑭ 一般社団法人new-look（塾・フリースクール）（兵庫県西宮市）	0798-56-7139
⑮ 枚方市役所ひきこもり等子ども・若者相談支援センター（大阪府枚方市）	072-843-2255
⑯ PSIカウンセリング（大阪市）	06-6253-8864
⑰ NPO法人ホース・フレンズ事務局（枚方若者サポートステーション）（大阪府枚方市）	072-841-7225
⑱ NPO法人みんなの未来かいたく団（みんなの河内長野市耕作放棄地再生事業）（大阪府河内長野市）	06-6332-9518
⑲ 志塾フリースクールラヴニール（大阪市）	06-7181-5549
⑳ NPO法人若者国際支援協会（自助グループ）（大阪市）	070-5345-8622

2016年度調査団体（2016年4月～12月）

団体名	電話番号またはメール
① 一般社団法人キャリアブリッジ（とよなか若者サポートステーション）（大阪府豊中市）	06-6151-2244
② NPO法人たんば子ども若者支援ネットワークえん（兵庫県丹波市）	0795-72-2987
③ ぱそこんスペース宙（兵庫県三田市）	sorairo21@hotmail.co.jp
④ 時計台（自助グループ）（奈良市）	info@tokeitower.com
⑤ A’ワーク創造館（大阪地域職業訓練センター）（大阪市）	06-6562-0410
⑥ NPO法人フォロ（フリースクール・フォロ）（大阪市）	06-6946-1507
⑦ あいとうふくしモール（滋賀県東近江市）	0749-46-2170
⑧ 滋賀県立精神保健福祉センターひきこもり支援センター（滋賀県草津市）	077-567-5058
⑨ NPO法人ニューワークス（大阪市）	06-6616-9136
⑩ NPO法人結（兵庫県篠山市）	090-1900-6932（井上）
⑪ 社会福祉法人一麦会 創麦の郷ハートフルハウス 創～HAJIME～（居場所）（和歌山県紀の川市）	0736-60-8233
⑫ 近畿自由学院（フリースクール）（大阪市）	06-6925-3535

【編著者プロフィール】

漆葉成彦（うるは　しげひこ）
1958年京都府生まれ。大阪大学医学部卒業。精神科医師。佛教大学保健医療技術学部教授。共著書に『精神医学マイテキスト』金芳堂、2011年。共訳書に『虐待された子どもへの治療』明石書店、2005年。ほか睡眠障害に関する論文。

青木道忠（あおき　みちただ）
1944年大阪府生まれ。大阪教育大学卒業。社会福祉法人大阪福祉事業財団理事、子どもの貧困問題大阪ネットワーク副理事長。NPO法人子ども・若もの支援ネットワークおおさか理事。著書に『発達のつまずきによりそう支援』かもがわ出版、2011年、『いのち輝け』福祉のひろば社、2014年、共編著に『ひきこもる人と歩む』新日本出版社、2015年ほか。

藤本文朗（ふじもと　ぶんろう）
1935年京都府生まれ。滋賀大学名誉教授。博士（教育学）。全国障害者問題研究会顧問。著書に『障害児の義務性に関する教育臨床的研究』（多賀出版、1989年）、共編著に『ひきこもる人と歩む』新日本出版社、2015年、『ベトドクと考える世界平和』新日本出版社、2017年ほか多数。

何度でもやりなおせる
ひきこもり支援の実践と研究の今

2017年5月25日　初版発行

編著者●©漆葉成彦
青木道忠
藤本文朗

発行者●田島英二　taji@creates-k.co.jp

発行所●株式会社クリエイツかもがわ
〒601-8382　京都市南区吉祥院石原上川原町21
電話 075（661）5741　FAX 075（693）6605
郵便振替　00990－7－150584
http：//www.creates-k.co.jp

本文イラスト●見那ミノル

印刷所●モリモト印刷株式会社

ISBN978-4-86342-208-7 C0036　　Printed in Japan

好評既刊

行動障害が穏やかになる「心のケア」
障害の重い人、関わりの難しい人への実践　藤本真二／著

●「心のケア」のノウハウと実践例
感覚過敏や強度のこだわり、感情のコントロール困難など、さまざまな生きづらさをかかえる方たちでも心を支えれば乗り越えて普通の生活ができる——　2000円

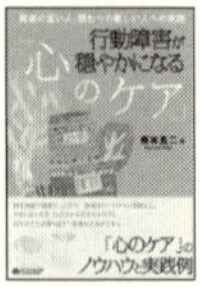

自立と希望をともにつくる　特別支援学級・学校の集団づくり
湯浅恭正・小室友紀子・大和久勝／編著

人やモノに積極的に働きかけ、希望をもって生きる力を育てようとする、子どもたちの自立への願いを理解し、希望を紡ぐ集団づくりをどう進めるかを考える。　1800円

思春期をともに生きる　中学校支援学級の仲間たち
加藤由紀／著　越野和之・大阪教育文化センター／編

同じ“ワケあり”の仲間の中で、お互いの強みも苦手も了解しあい、“自分”を見出す子どもたち。その自信を支えに、それぞれの課題に向き合っていく。　2000円

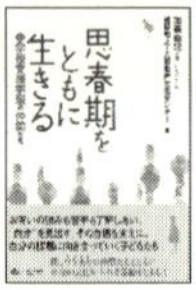

「合理的配慮」とは何か？　通常教育と特別支援教育の課題
清水貞夫・西村修一／著

「合理的配慮」は、特別支援教育のことでなく、通常教育の課題。「合理的配慮」と「サポート」を区別しないのは誤りであり、「基礎的環境整備」が十分にできてこそ、合理的配慮と言える。　2000円

合理的配慮とICFの活用　インクルーシブ教育実現への射程
西村修一／著

「障害者の権利に関する条約」批准・発効で、学校現場はどうなる！学校は障害のある子どもに合理的配慮を提供する義務があり、その否定は差別となる。合理的配慮を見出す有効なアセスメントツールとしてのICFの考え方、具体的方法をチェックリストと実践事例で解説。　1800円

インクルーシブ教育への提言　特別支援教育の革新
清水貞夫／編著

インクルーシブ教育について、障がい者制度改革推進会議の「意見」、中教審の「特・特委員会報告」は対立している。問題を明らかにし、特別支援教育の「推進」がインクルーシブ教育に至るとする誤りを批判、「真のインクルーシブ教育」実現の考え方、方法を提起。　2000円

キーワードブック 特別支援教育の授業づくり　授業創造の基礎知識
渡邉健治・湯浅恭正・清水貞夫／編著

授業づくりの基礎・ポイントが総合的に理解できる——

1項目2ページ見開きでわかりやすい！　全64項目。授業内容や授業展開の課題、問題点を整理し、特別なニーズのある子どもたちの発達を保障する「授業づくり」が総合的に理解でき、明日からの教育実践に役立つ、教職員、教員をめざす人の必読書、座右の書！　2200円

キーワードブック特別支援教育
インクルーシブ教育時代の障害児教育
玉村公二彦、清水貞夫、黒田学、向井啓二／編

3刷

全128項目
1項目見開きページで基本知識を学ぶ

障害者権利条約の批准、障害者基本法、学校教育法施行令の改訂など、インクルーシブ教育に向けて、障害児教育の基本的な原理や制度、改革の動向や歴史、子どもの発達や障害種別による支援などが学べる。　2800円

価格は本体で表示。

好評既刊

よくわかる子どものリハビリテーション
栗原まな／著

子どものリハビリテーション基礎知識の入門書　リハビリを必要とする子どもの家族、施設や学校関係者などの支える人たちへ、検査方法やどんなスタッフがどのように関わるか、疾患別にみたリハビリテーションなど、基礎的な知識をやさしく解説。 1400円

輝いて生きる　高次脳機能障害当事者からの発信
橋本圭司／編著　石井雅史、石井智子／執筆

夢中になれるものをもてるようになると、人は生きいきしてくる──。

ゆっくりと前進する当事者と家族の思い・願い。ご本人の言葉からどのように悩み、感じているかが伝わってきます。 1300円

よくわかる子どもの高次脳機能障害　2刷
栗原まな／著

高次脳機能障害の症状・検査・対応法がわかりやすい！　ことばが出てこない、覚えられない…わたしは何の病気なの？　目に見えにくく、わかりにくい高次脳機能障害、なかでも子どもの障害をやさしく解説。巻頭 12 頁は子どもも読める事例（総ルビ）。 1400円

わかってくれるかな、子どもの高次脳機能障害　2刷
発達からみた支援　太田令子／編著

実生活の格闘から見える子どもの思い、親の痛み──。困りごとって発達段階で変わってきますよね。その行動の背景に、なにがあるのかに目を向けると、障害によっておこる症状だけでなく、子どもの思いが見えてきます。子育てに迷うみなさんへヒントいっぱいの 1 冊。 1500円

読んで、見て、理解が深まる「てんかん」入門シリーズ　（公社）日本てんかん協会／編

1 てんかん発作 こうすればだいじょうぶ…発作と介助　改訂版　3刷
川崎　淳／著

てんかんのある人、家族、支援者の“ここが知りたい”にわかりやすく答える入門書。各発作の特徴や対応のポイントを示し、さらに DVD に発作の実際と介助の方法を収録。
2000円　DVD付き

3 てんかんと基礎疾患…てんかんを合併しやすい、いろいろな病気　2刷
永井利三郎／監修

なぜ「てんかん」がおきるの？　てんかんの原因となる病気“基礎疾患”について、症状と治療法をやさしく解説。初心者にもわかる！　てんかんの原因となる病気の本。 1200円

4 最新版 よくわかる てんかんのくすり　2刷
小国弘量／監修

これまで使われているくすりから、最新のくすりまでを網羅。くすりがどのような作用で発作を抑えるのかをていねいに解説。 1200円

5 すべてわかる こどものてんかん　2刷
皆川公夫／監修・執筆

てんかんってなあに？　から、検査、治療、介助、生活の中での注意点など、知っておきたいテーマをすっきり整理！　やさしく解説！ 1300円

価格は本体で表示。

好評既刊

あたし研究　自閉症スペクトラム～小道モコの場合　1800円
あたし研究2　自閉症スペクトラム～小道モコの場合　2000円

小道モコ／文・絵

自閉症スペクトラムの当事者が「ありのままにその人らしく生きられる」社会を願って語りだす――知れば知るほど私の世界はおもしろいし、理解と工夫ヒトツでのびのびと自分らしく歩いていける！

ひきこもってよかった　暗闇から抜け出して

NPO法人京都ARU編集部／編

「僕は、外に出るためにひこもった」「僕は、ひきこもったからこそ、外に出られるようになった」「僕は、この悩み大き心と共に生きて行く！」 5人の若者が心の声を語り出す―　1000円

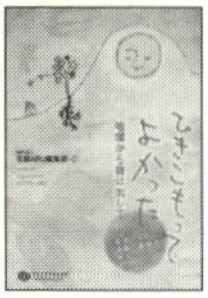

発達障害者の就労支援ハンドブック　付録：DVD

ゲイル・ホーキンズ／著　森由美子／訳

長年の就労支援を通じて92%の成功を収めている経験と実績の支援マニュアル！　就労支援関係者の必読、必携ハンドブック！「指導のための4つの柱」にもとづき、「就労の道具箱10」で学び、大きなイメージ評価と具体的な方法で就労に結びつける！　3200円

働くこととリカバリー　IPSハンドブック

中原さとみ　飯野雄治／編著

精神疾患があっても、IPSにもとづく支援で自分らしい充実した人生を過ごす（リカバリー）！ 当事者や家族が自分たちに必要なサポートを考え、支援を求めるためのハンドブック！　リカバリーシート「私の目標と計画」「私らしさを保つために」「やりたい気持ちを整理しよう」など掲載。　2200円

知的障害のある人たちの性と生の支援ハンドブック

ミッシェル マッカーシー　ディビット トンプソン／著　木全和巳／訳

自慰、月経、恋愛、虐待などのテーマごとに、おさえておきたい基本的な支援の理論と実践を紹介。性の健康モデル・性の人権モデル・行動変容モデルの3つの組み合わせで構成。知的障害のある人たちの人生において、性と生を肯定的に意味づける。　2000円

生活をゆたかにする性教育　障がいのある人たちとつくる　こころとからだの学習　2刷

千住真理子／著　伊藤修毅／編

子どもたち・青年たちは自分や異性のこころとからだについて学びたいと思っています。学びの場を保障し、青春を応援しませんか。障がいのある人たちの性教育の具体的な取り組み方を、実践例と学びの意義をまじえて、テーマごとに取り上げます。　1500円

パワーとエンパワメント　ソーシャルワーク・ポケットブック

シヴォーン・マクリーン　ロブ・ハンソン／著　木全和巳／訳

なに？ なぜ？ どうしたら？ 3つの方法で学ぶ！　多忙を極めるソーシャルワーカー（社会福祉で働く人）たちが、利用者訪問の電車の中や会議が始まる前などの合間に気軽に、手軽に読め、自分の実践の振り返りと利用者への対応に役立つ。　1600円

価格は本体で表示。